WESTERN PHILOSOPHY IN SIMPLE SPANISH

Learn Spanish the Fun Way With
Topics That Matter

For Low- to High-Intermediate Learners (CEFR B1-B2)

by Olly Richards

Edited by Eleonora Calviello
Dr. Lorenzo Testa, Academic Editor

Copyright © 2022 Olly Richards Publishing Ltd.

All rights reserved. No part of this publication may be reproduced, distributed, or transmitted in any form or by any means, including photocopying, recording, or other electronic or mechanical methods, without the prior written permission of the publisher, except in the case of brief quotations embodied in critical reviews and certain other non-commercial uses permitted by copyright law. For permission requests, write to the publisher:

>Olly Richards Publishing Ltd.

>olly@storylearning.com

Trademarked names appear throughout this book. Rather than use a trademark symbol with every occurrence of a trademarked name, names are used in an editorial fashion, with no intention of infringement of the respective owner's trademark.

The information in this book is distributed on an "as is" basis, without warranty. Although every precaution has been taken in the preparation of this work, neither the author nor the publisher shall have any liability to any person or entity with respect to any loss or damage caused or alleged to be caused directly or indirectly by the information contained in this book.

Western Philosophy in Simple Spanish: Learn Spanish the Fun Way With Topics that Matter

FREE STORYLEARNING® KIT

Discover how to learn foreign languages faster & more effectively through the power of story.

Your free video masterclasses, action guides, & handy printouts include:

- A simple six-step process to maximise learning from reading in a foreign language

- How to double your memory for new vocabulary from stories

- Planning worksheet (printable) to learn faster by reading more consistently

- Listening skills masterclass: "How to effortlessly understand audio from stories"

- How to find willing native speakers to practise your language with

To claim your FREE StoryLearning® Kit, visit:

www.storylearning.com/kit

WE DESIGN OUR BOOKS TO BE INSTAGRAMMABLE!

Post a photo of your new book to Instagram using #storylearning and you'll get an entry into our monthly book giveaways!

Tag us **@storylearningpress** to make sure we see you!

BOOKS BY OLLY RICHARDS

Olly Richards writes books to help you learn languages through the power of story. Here is a list of all currently available titles:

Short Stories in Danish For Beginners
Short Stories in Dutch For Beginners
Short Stories in English For Beginners
Short Stories in French For Beginners
Short Stories in German For Beginners
Short Stories in Icelandic For Beginners
Short Stories in Italian For Beginners
Short Stories in Norwegian For Beginners
Short Stories in Brazilian Portuguese For Beginners
Short Stories in Russian For Beginners
Short Stories in Spanish For Beginners
Short Stories in Swedish For Beginners
Short Stories in Turkish For Beginners

Short Stories in Arabic for Intermediate Learners
Short Stories in English for Intermediate Learners
Short Stories in Italian for Intermediate Learners
Short Stories in Korean for Intermediate Learners
Short Stories in Spanish for Intermediate Learners

101 Conversations in Simple English
101 Conversations in Simple French
101 Conversations in Simple German
101 Conversations in Simple Italian
101 Conversations in Simple Spanish
101 Conversations in Simple Russian

101 Conversations in Intermediate English
101 Conversations in Intermediate French
101 Conversations in Intermediate German
101 Conversations in Intermediate Italian
101 Conversations in Intermediate Spanish

101 Conversations in Mexican Spanish
101 Conversations in Social Media Spanish
Climate Change in Simple Spanish
Climate Change in Simple French
Climate Change in Simple German
World War II in Simple Spanish
World War II in Simple French
World War II in Simple German
World War I in Simple Spanish

All titles are also available as audiobooks. Just search your favourite store!

For more information visit Olly's author page at
www.storylearning.com/books

ABOUT THE AUTHOR

Olly Richards is a foreign language exper t and teacher. He speaks eight languages and has authored over 30 books. He has appeared in international press, from the BBC and the Independent to El País and Gulf News. He has featured in language documentaries and authored language courses for the Open University.

Olly started learning his first foreign language at the age of 19, when he bought a one-way ticket to Paris. With no exposure to languages growing up, and no natural talent for languages, Olly had to figure out how to learn French from scratch. Twenty years later, Olly has studied languages from around the world and is considered an expert in the field.

Through his books and website, StoryLearning.com, Olly is known for teaching languages through the power of story – including the book you are holding in your hands right now!

You can find out more about Olly, including a library of free training, at his website:

www.storylearning.com

CONTENTS

Introduction xv
How to Use this Book xvii
The Six-Step Reading Process xxiii
A Note From the Editor.. xxv
¡Filosofía a puertas abiertas! 1

Prólogo: Tres filósofos improbables 3

Primera parte: historia de la filosofía 7
Capítulo uno: La primera clase.. 8
Capítulo dos: Los primeros griegos 14
Capítulo tres: Sócrates, Platón y Aristóteles: los tres sabios griegos 20
Capítulo cuatro: Cínicos, escépticos, epicúreos, estoicos y romanos 28
Capítulo cinco: Cristianismo y filosofía: santos y pecadores 34
Capítulo seis: Los años oscuros, la Edad Media ¡y un poco de luz! 42
Capítulo siete: El comienzo de la filosofía moderna 48
Capítulo ocho: El cambio cartesiano: la filosofía de Descartes 54
Capítulo nueve: Leibniz y Spinoza: los racionalistas continentales 60
Capítulo diez: Empirismo inglés: Locke, Berkeley y Hume,
   los tres sabios ingleses 66
Capítulo once: Kant: la cosa en sí misma y el imperativo categórico 74
Capítulo doce: Schopenhauer y Nietzsche... 86
Capítulo trece: El siglo XX: Russell, Moore y Wittgenstein,
   los tres sabios de Cambridge 96
Capítulo catorce: Sartre y el existencialismo francés:
   el método continental 106
Capítulo quince: Tendencias actuales en filosofía:
   ¿está llegando a su fin? 120
Capítulo dieciséis: Mujeres en la filosofía 126

Segunda parte: cómo funciona la filosofía... 139
Capítulo uno: Lógica.. 140
Capítulo dos: Explicación de las teorías éticas..................................... 146
Capítulo tercero: Ética aplicada... 154

Capítulo cuatro: Filosofía de la religión 166
Capítulo cinco: Estética 176
Capítulo seis: Filosofía política 184

Tercera parte: el examen final 193
El final del curso 194

Glosario 200
Bibliografía seleccionada 204

INTRODUCTION

I have a golden rule when it comes to improving your level and becoming fluent in a foreign language: Read around your interests. When you spend your time reading foreign language content on a topic you're interested in, a number of magical things happen. Firstly, you learn vocabulary that is relevant to your interests, so you can talk about topics that you find meaningful. Secondly, you find learning more enjoyable, which motivates you to keep learning and studying. Thirdly, you develop the habit of spending time in the target language, which is the ultimate secret to success with a language. Do all of this, and do it regularly, and you are on a sure path to fluency.

But there is a problem. Finding learner-friendly resources on interesting topics can be hard. In fact, as soon as you depart from your textbooks, the only way to find material that you find interesting is to make the leap to native-level material. Needless to say, native-level material, such as books and podcasts, is usually far too hard to understand or learn from. This can actually work against you, leaving you frustrated and demotivated at not being able to understand the material.

In my work as a language educator, I have run up against this obstacle for years. I invoke my golden rule: "Spend more time immersed in your target language!", but when students ask me where to find interesting material at a suitable level, I have no answer. That is why I write my books, and why I created this series on non-fiction. By creating learner-friendly material on interesting and important topics, I hope to make it possible to learn your target language faster, more effectively, and more enjoyably, while learning about things that matter to you. Finally, my golden rule has become possible to follow!

Western Philosophy

Who are we? What is our purpose? What is beauty? What is justice? Mankind has been trying to answer these questions since the dawn of civilization! In fact, philosophy came about as the result of debating and trying to find the answers to these very questions.

Even if the answers continue to escape us, the conversations keep us coming back! From religion to science, and from art to ethics, the importance of philosophy is tremendous and the teachings of philosophers are still widely studied and debated today.

So, join the philosophical conversation… in Spanish!

Western Philosophy in Simple Spanish is the ideal companion to help those with an interest in philosophy improve their Spanish. Not only will you learn the vocabulary you need to talk about the big questions of life in Spanish but you will also deepen your knowledge of the key concepts and teachings of Western philosophy.

The book is written in a simple, conversational style that is easy to understand, so you can enjoy learning about philosophy while improving your Spanish naturally at the same time!

Informative, comprehensive, and reviewed at PhD level for academic accuracy, this book is the perfect way to improve your Spanish while learning about Western philosophy.

HOW TO USE THIS BOOK

There are many possible ways to use a resource such as this, which is written entirely in Spanish. In this section, I would like to offer my suggestions for using this book effectively, based on my experience with thousands of students and their struggles.

There are two main ways to work with content in a foreign language:

1. Intensively
2. Extensively

Intensive learning is when you examine the material in great detail, seeking to understand all the content – the meaning of vocabulary, the use of grammar, the pronunciation of difficult words, etc. You will typically spend much longer with each section and, therefore, cover less material overall. Traditional classroom learning generally involves intensive learning.

Extensive learning is the opposite of intensive. To learn extensively is to treat the material for what it is – not as the object of language study, but rather as content to be enjoyed and appreciated. To read a book for pleasure is an example of extensive reading. As such, the aim is not to stop and study the language that you find, but rather to read (and complete) the book.

There are pros and cons to both modes of study and, indeed, you may use a combination of both in your approach. However, the "default mode" for most people is to study *intensively*. This is because there is the inevitable temptation to investigate anything you do not understand in the pursuit of progress and hope to eliminate all mistakes. Traditional language education trains us to do this. Similarly, it is not obvious to many readers how extensive study can be effective. The uncertainty and ambiguity can be uncomfortable: "There's so much I don't understand!"

In my experience, people have a tendency to drastically overestimate what they can learn from intensive study and drastically underestimate what they can gain from extensive study. My observations are as follows:

- **Intensive learning**: Although it is intuitive to try to "learn" something you don't understand, such as a new word, there is no guarantee you will actually manage to "learn" it! Indeed, you will be familiar with the feeling of trying to learn a new word, only to forget it shortly afterwards! Studying intensively is also time-consuming, meaning you can't cover as much material.

- **Extensive learning**: By contrast, when you study extensively, you cover huge amounts of material and give yourself exposure to much more content in the language than you otherwise would. In my view, this is the primary benefit of extensive learning. Given the immense size of the task of learning a foreign language, extensive learning is the only way to give yourself the exposure to the language that you need in order to stand a chance of acquiring it. You simply can't learn everything you need in the classroom!

When put like this, extensive learning may sound quite compelling! However, there is an obvious objection: "But how do I *learn* when I'm not looking up or memorising things?" This is an understandable doubt if you are used to a traditional approach to language study. However, the truth is that you can learn an extraordinary amount *passively* as you read and listen to the language, but only if you give yourself the opportunity to do so! Remember, you learned your mother tongue passively. There is no reason you shouldn't do the same with a second language!

Here are some of the characteristics of studying languages extensively:

Aim for completion: When you read material in a foreign language, your first job is to make your way through from beginning to end. Read to the end of the chapter or listen to the entire audio without worrying about things you don't understand. Set your sights on the finish line and don't get distracted. This is a vital behaviour to foster because it trains you to enjoy the material before you start to get lost in the details. This is how you read or listen to things in your native language, so it's the perfect thing to aim for!

Read for gist: The most effective way to make headway through a piece of content in another language is to ask yourself: "Can I follow the gist of what's going on?" You don't need to understand every word, just the main ideas. If you can, that's enough! You're set! You can understand and enjoy a great amount with gist alone, so carry on through the material and enjoy the feeling of making progress! If the material is so hard that you struggle to understand even the gist, then my advice for you would be to consider easier material.

Don't look up words: As tempting as it is to look up new words, doing so robs you of time that you could spend reading the material. In the extreme, you can spend so long looking up words that you never finish what you're reading. If you come across a word you don't understand... Don't worry! Keep calm and carry on. Focus on the goal of reaching the end of the chapter. You'll probably see that difficult word again soon, and you might guess the meaning in the meantime!

Don't analyse grammar: Similarly to new words, if you stop to study verb tenses or verb conjugations as you go, you'll never make any headway with the material. Try to *notice* the grammar that's being used (make a mental note) and carry on. Have you spotted some unfamiliar grammar? No problem. It can wait. Unfamiliar grammar rarely prevents you from understanding the gist of a passage, but can completely derail your reading if you insist on looking up and studying every grammar point you encounter. After a while, you'll be surprised by how this "difficult" grammar starts to become "normal"!

You don't understand? Don't worry! The feeling you often have when you are engaged in extensive learning is: "I don't understand". You may find an entire paragraph that you don't understand or that you find confusing. So, what's the best response? Spend the next hour trying to decode that difficult paragraph? Or continue reading regardless? (Hint: It's the latter!) When you read in your mother tongue, you will often skip entire paragraphs you find boring, so there's no need to feel guilty about doing the same when reading Spanish. Skipping difficult passages of text may feel like cheating, but it can, in fact, be a mature approach to reading that allows you to make progress through the material and, ultimately, learn more.

If you follow this mindset when you read Spanish, you will be training yourself to be a strong, independent Spanish learner who doesn't have to rely on a teacher or rule book to make progress and enjoy learning. As you will have noticed, this approach draws on the fact that your brain can learn many things naturally, without conscious study. This is something that we appear to have forgotten with the formalisation of the education system. But, speak to any accomplished language learner and they will confirm that their proficiency in languages comes not from their ability to memorise grammar rules, but from the time they spend reading, listening to, and speaking the language, enjoying the process, and integrating it into their lives.

So, I encourage you to embrace extensive learning, and trust in your natural abilities to learn languages, starting with… The contents of this book!

THE SIX-STEP READING PROCESS

Here is my suggested five-step process for making the most of each chapter in this book:

1. **Read the short key points summarizing the chapter.** This is important, as it sets the context for the whole chapter, helping you understand what you are about to read. Take note of the main points discussed in each sub-section and if you need to remember what you should be focusing on, go back to the key points section.

2. **Read the short chapter all the way through without stopping.** Your aim is simply to reach the end of the section, so do not stop to look up words and do not worry if there are things you do not understand. Simply try to follow the gist of the chapter.

3. **Go back and read the same sub-section a second time.** If you like, you can read in more detail than before, but otherwise simply read it through one more time, using the vocabulary list to check unknown words and phrases where necessary.

4. By this point, you should be able to follow the gist of the chapter. **You might like to continue to read the same section a few more times until you feel confident.** Ask yourself: "Did I learn anything new about Western philosophy? Were any facts surprising?"

5. **Move on!** There is no need to understand every word in each paragraph, and the greatest value from the book comes

from reading it through to completion! Move on to the next section and do your best to enjoy the content at your own pace.

At every stage of the process, there will inevitably be parts you find difficult. Instead of worrying about the things you don't understand, try to focus instead on everything that you do understand, and congratulate yourself for the hard work you are putting into improving your Spanish.

A NOTE FROM THE EDITOR

Making philosophy accessible and understandable is a challenging task. Throughout the history of mankind, many important philosophers have asked themselves: "What is philosophy?" What is impressive is that almost every philosopher has a different answer to this apparently simple question. For some, philosophy should aim to clarify our thoughts about science and logic, while others claim that philosophy must tell us how to distinguish a wrong action from a right action. Some philosophers think that philosophy should have nothing to do with natural sciences, while others think that, without science, philosophy is nothing more than pure – and useless – speculation.

In this book, the reader will find an attempt to take into consideration many different points of view on philosophy. One thing most – if not all – philosophers would agree on is that, despite what many people think, philosophy is not an abstract subject full of difficult concepts. At some point during their lives, most people ask philosophical questions: "What is justice?" or "What is beauty?" People interested in scientific facts also ask philosophical questions: "What is a scientific revolution?" or "Are scientific laws discovered or invented by humans?" From a certain point of view, philosophy is inevitable. Philosophers are simply people who have chosen to dedicate their intellectual efforts to such questions.

One of the difficulties of philosophy is that we do not have "facts" to prove our theories. Philosophy, however, is very different from mere fantasy or nonsense. How, then, can we distinguish bad philosophy from good philosophy? This question is even more pressing if we consider that philosophers themselves disagree on the definition of philosophy. One way of answering this question is to rely on our reason. If our arguments are coherent, our concepts are clear, the premises we rely on are explicit, and our inferences are valid, then we are doing good philosophy. One risk linked to this thought is that philosophy is only rhetoric. This conclusion, however, can be resisted. Philosophers should not only build valid arguments; they also need to verify that their arguments are scientifically plausible.

No one should be afraid of asking philosophical questions; almost every enquiry is worth pursuing. One can wonder "What does a philosopher do?" or "Is philosophy useful?" When someone asks me these questions, the reply they usually get is the following. Consider an engineer who has the task of building a bridge. Simplifying the process, we could say that this engineer uses sophisticated calculations in order to achieve the desired result. The engineer would not spend his days wondering what the nature of numbers is or asking themself what kind of entity a scientific law is. If they did, they would not build any bridge. Are these questions completely futile? I would not say so. On the contrary, they often constitute the foundation of our knowledge. If engineers are not supposed to find an answer to these questions, then who should? Well, these are precisely the kinds of questions that philosophers are supposed to engage with.

In conclusion, not everyone wants to become a professional philosopher. Despite this, everyone will ask philosophical questions throughout his or her life. Being able to articulate our own thoughts is of fundamental importance, and philosophy can surely help us improve this skill.

Lorenzo Testa, PhD

¡FILOSOFÍA A PUERTAS ABIERTAS!

PRÓLOGO: TRES FILÓSOFOS IMPROBABLES

Tres amigos, Inés, Garcín y Estela, están eligiendo sus cursos para el primer semestre de su segundo año en la Universidad de París. Cada uno estudia una carrera diferente, pero todos tienen una razón para elegir Filosofía.

Inés: Estoy muy entusiasmada con el curso. ¡Me habría encantado escoger la carrera de Filosofía en vez de la de Política! Siempre he querido aprender más al respecto.

Garcín: ¿Por qué? Conseguirás un trabajo mucho mejor estudiando Política. ¿No fue esa la razón por la que tus padres te obligaron a estudiarla?

Inés: Así es, pero siempre he querido aprender Filosofía. Es una suerte haber tenido una asignatura optativa este año, y también que la clase de Filosofía se **ajustara** a mi horario... Me entusiasma reflexionar sobre ideas que leí en el pasado.

Estela: Yo también **tengo ganas** de hacerlo. No sé nada sobre el tema, pero **varias** personas me han dicho que es interesante. Creo que **me vendrá bien** aprender al respecto, aunque no estoy segura de qué esperar.

Garcín: ¿Por qué necesita aprender sobre filosofía una profesora? Una vez que te hayas graduado, enseñarás Historia y Literatura. Esas son tus especialidades.

Estela: Estás siendo muy negativo, Garcín. ¿Por qué **te has apuntado** al curso si no quieres hacerlo? Yo no estoy segura del todo, pero estoy dispuesta a intentarlo.

Garcín: Ya sabes por qué. Necesito créditos extra. Este era el único curso que encajaba con mi **horario**. Lo haré, pero no creo que lo disfrute. Me gustan los hechos, no las preguntas interminables.

Inés: Por eso quieres ser **periodista**.

Garcín: Exactamente. No voy a escribir historias sin hechos, ¿verdad?

Inés: Pues yo creo que será muy interesante. ¿Y dónde mejor para estudiar Filosofía que en París? Jean Paul Sartre, Simone de Beauvoir, Michel Foucault, Jacques Derrida… Todos vivieron aquí. **Estamos rodeados** de la historia de la filosofía.

Estela: Nuestro profesor asistió a algunas de las conferencias de Sartre. Su nombre es Profesor Aymard. Lo leí en su biografía en el sitio web del departamento de Filosofía.

Inés: Debe ser muy viejo.

Garcín: También son viejas las ideas que estudiaremos. Vamos, vayamos al Café de Flore. Me vendría bien un trozo de tarta.

Inés: O podrías irte a casa y hacer **deberes**. No es raro que **te estés quedando atrás.** Te pasas todo el día en la cafetería…

Vocabulario:

ajustarse to conform
tener ganas to want
venir bien to be convenient
varios, varias several
apuntarse to sign up
(el) horario schedule
(el) periodista, (la) periodista journalist
estar rodeado to be surrounded
(los) deberes homework
quedarse atrás to fall behind

PRIMERA PARTE: HISTORIA DE LA FILOSOFÍA

CAPÍTULO UNO: LA PRIMERA CLASE

Inés, Garcín y Estela asisten a su primera clase de Filosofía. Es una clase pequeña con unos pocos estudiantes. El profesor Aymard hace todo lo posible para entusiasmar a los alumnos con el tema, pero Garcín no está convencido y Estela sigue un poco insegura.

Profesor Aymard: El filósofo Immanuel Kant dijo: «Hay dos cosas que me llenan de **asombro**: el cielo estrellado sobre mí, la ley moral dentro de mí». Esa es la esencia de la filosofía. Sócrates, por su lado, dijo: «La maravilla es el sentimiento de un filósofo, y la filosofía comienza en la maravilla». Se trata de estar inundado de maravilla y asombro por el mundo que nos rodea. Eso es lo que quiero que ocurra en este curso. Quiero que todos vosotros os llenéis de asombro por el mundo y todo lo que hay en él.

Garcín: Pero Kant estaba hablando de astronomía, ¿verdad?

Profesor Aymard: La ciencia y la filosofía están **estrechamente** vinculadas. La filosofía nos ayuda a pensar **cuidadosamente** sobre el mundo que nos rodea, el mundo que habitamos. Pero no se trata solo de lo que vemos. Se trata de lo que sentimos, nuestras emociones y quiénes somos. La filosofía plantea las grandes preguntas sobre la vida y el universo. Eso es lo que estudiaremos en este curso.

Inés: ¿Y estudiaremos también a los filósofos que hicieron esas preguntas?

Profesor Aymard: ¡Claro! La mejor manera de comenzar a aprender sobre filosofía es explorar cómo otras personas han respondido a las preguntas que nosotros mismos nos hacemos. Pensad en ello como una gran conversación. Aprendemos hablando con otros, incluso con quienes vivieron hace mucho tiempo. Comenzaremos **remontándonos a** los orígenes de la filosofía. Nació con los griegos. Al menos, fueron los primeros de los que tenemos registros escritos que muestran interés en las preguntas que nos haremos. **Lo cierto** es que el ser humano siempre se ha preguntado de dónde viene y por qué está aquí.

Estela: Pero ¿pueden unas personas que vivieron hace tanto tiempo decirnos algo relevante hoy?

Profesor Aymard: ¿No se basa todo el conocimiento en supuestos muy antiguos? Las ideas del pasado son tan importantes para nosotros hoy como lo eran antes. Comenzaremos con los griegos. Luego, recorreremos la historia de la filosofía hasta el día de hoy. Veremos que hace miles de años la gente se hacía preguntas que son tan relevantes para nosotros hoy como lo eran entonces.

Garcín: ¿Pero no encontraron respuestas a las preguntas?

Profesor Aymard: La filosofía hace preguntas que no tienen respuestas indiscutibles. ¿Qué es la libertad? ¿Qué significa vivir una buena vida? ¿Hay un dios? ¿Cómo debo vivir mi vida? ¿Qué es la **belleza**? ¿Qué es la verdad? Estas son preguntas que no podemos responder como lo haríamos con una pregunta sobre un hecho científico, por ejemplo, pero aun así son preguntas de gran importancia. Veremos cómo otros filósofos han respondido estas preguntas y, lo que es más importante, aprenderemos a pensar en ellas por nosotros mismos. La filosofía no siempre consiste en encontrar respuestas. Muchas de las preguntas que hacemos no tienen respuestas. Pero lo importante es cómo pensamos en ellas. La filosofía consiste en encontrar las mejores respuestas posibles, no necesariamente las respuestas definitivas.

Inés: Entonces, ¿hay formas correctas e incorrectas de pensar?

Profesor Aymard: Desde luego. O, mejor dicho, hay mejores maneras de pensar las cosas para llegar a una mejor conclusión. Aprenderemos cómo los filósofos han usado la **lógica** para aportar buenos argumentos e identificar los malos.

Garcín: Entonces, ¿no hay hechos? ¿Solo hay opiniones?

Profesor Aymard: Bueno, Garcín, suenas igual que el filósofo del siglo XIX Friedrich Nietzsche. Él creía lo mismo. Solo importaban las interpretaciones. Pero yo no diría que no hay hechos, **en absoluto**. La cuestión es pensar de la mejor manera posible. Eso es lo que aprenderéis en esta asignatura. Comenzaremos por la historia de la filosofía. Luego, pensaremos en las ideas actuales sobre filosofía y los debates que tienen lugar hoy en día. Ya verás que la filosofía es relevante en todo, desde la política hasta el arte, la religión y el **medioambiente**.

Garcín: Pero ya sé cómo pensar. Me gustan los hechos. De eso se trata la ciencia.

Profesor Aymard: Pero ¿cómo sabes que esos hechos que defiendes con tanta convicción son ciertos? ¿No hubo una época en la que casi todos creían que la Tierra era **plana** y que si navegabas demasiado cerca del borde te caerías? Estas no eran personas estúpidas. La cuestión es que los hechos en los que creemos, o en los que hemos creído, a menudo resultan ser diferentes de la verdad. Debemos tener cuidado con nuestro **pensamiento**; por eso estudiar filosofía es tan importante. No siempre se trata de hechos, sino de pensar las cosas hasta su conclusión más lógica. Tenemos mucho que estudiar y, a la mitad y al final del curso, tendremos un breve examen para ver lo que habéis aprendido.

Garcín: ¡Entonces tendremos que aprender hechos!

Profesor Aymard: Descubriréis que los exámenes de filosofía son un poco diferentes a otros exámenes. Os plantearé un problema y vuestra **tarea** será decirme lo que otros filósofos han dicho al respecto. Esos son sus hechos. Pero también tendréis que argumentar, de manera razonable y coherente, vuestra propia conclusión. Espero que disfrutéis el curso, e incluso puede que os cambie la vida. Nos vemos en la clase del viernes.

La clase termina, e Inés, Garcín y Estela salen juntos.

Garcín: No voy a **disfrutar de** esto.

Inés: No le has dado ninguna oportunidad. Eres una de esas personas que no entienden el **sentido** de pensar las cosas correctamente. ¿Qué dijo el profesor Aymard? «¿No vale la pena vivir la vida no examinada?».

Garcín: Ya he examinado mi vida lo suficiente. No necesito ideas de hace miles de años para cambiar la manera en la que pienso.

Estela: El semestre se te va a hacer muy largo si sigues pensando así.

Datos clave:

- *La filosofía no se trata tanto de hacer preguntas como de explorar respuestas. La historia de la filosofía es importante, ya que nos ayuda a entender lo que otras personas han pensado acerca de las preguntas que también nos hacemos nosotros. Este curso empezará repasando la historia de la filosofía y luego considerará la relevancia de la filosofía hoy en día al examinar los debates actuales sobre ética, filosofía política, **estética** y religión. Veremos la importancia de la filosofía y por qué estudiarla hoy es tan necesario como estudiarla en el pasado.*

Vocabulario

(el) asombro amazement, surprise
estrechamente tightly
cuidadosamente carefully
remontarse a to go back to
(lo) cierto the truth
(la) belleza beauty
en absoluto at all
(el) medioambiente environment
plano, plana flat
(el) pensamiento thought
(la) tarea task
disfrutar (de algo) to enjoy (something)
(el) sentido sense

CAPÍTULO DOS: LOS PRIMEROS GRIEGOS

Inés, Garcín y Estela han ido al Café de Flore después de su primera clase. Están deseando discutir su primer tema. A menudo vienen aquí a trabajar, y el camarero, Roberto, sabe que acaban de terminar su primera clase.

Roberto: ¡Hola, chicos! ¿Qué tal fue la clase?

Garcín: Estuvo bien.

Roberto: ¿Solo bien? ¿No estáis estudiando filosofía? Es muy interesante. Me encantaría estar en una clase así.

Garcín: Sí, pero ¿qué sabes tú de filosofía? No es más que **un puñado de** preguntas sin respuestas. ¡Quiero hechos!

Roberto: Quizás sepa más de lo que piensas. Tenéis que encontrar las respuestas por vosotros mismos. Tomad asiento. Os traeré algo para beber. ¿Lo de siempre?

Inés: Sí, por favor.

Se sientan en su rincón favorito de la cafetería, en una mesa con vistas a la calle.

Estela: ¿Entendisteis lo que nos dijo hoy el profesor Aymard?

Garcín: Eran tonterías. ¿Por qué iba alguien a creer que el mundo está hecho completamente de agua o de aire, o de una sustancia llamada *ápeiron*?

Inés: Eso no es exactamente lo que creían. Los filósofos griegos de la Antigüedad fueron los primeros en buscar una explicación para el origen del universo que no se basara en mitos o leyendas. Tales pensaba que el mundo estaba hecho de agua y Anaxímenes, que estaba hecho de aire. Anaximandro creía que era una sustancia a la que llamó *ápeiron*.

Estela: ¿Qué era el *ápeiron*?

Inés: Es una palabra griega que significa «ilimitado» o «indefinido». Para Anaximandro, significaba la realidad **escondida** de todo lo que existía.

Garcín: Pero ¿por qué era tan importante para ellos? ¿Por qué estaban tan preocupados por definir exactamente de qué estaba hecho el mundo?

Inés: Porque, hasta entonces, todos creían que los dioses eran responsables de las cosas que sucedían. El profesor Aymard mencionó a Hesíodo. Su obra *Trabajos y días* es un ejemplo de mito poético, que era precisamente de lo que se alejaron los primeros filósofos griegos.

Estela: ¿Mito poético? ¿Algo así como un poema épico que describe cómo se creó el mundo?

Inés: Sí. Los antiguos griegos usaban la poesía como una forma de explicar cómo se creó el mundo. Hesíodo explica, entre otras cosas, el mito de Prometeo, que **robó** el fuego de los dioses y se lo dio a los humanos para que lo usaran. Si bien podríamos explicar el fuego de acuerdo a principios científicos, los antiguos griegos describieron sus orígenes mitológicamente. Es decir, hasta que esos primeros filósofos interpretaron las cosas de manera diferente.

Estela: Fueron los primeros en buscar explicaciones observables. Fueron los primeros científicos. ¿No querías **hechos**, Garcín?

Garcín: Hechos que tengan sentido. Pero ¿de qué sirve estudiar cosas que sabemos que están mal?

Inés: Pero ¿están tan mal? Sabemos que el mundo contiene una parte que no podemos ver. Puede que los antiguos griegos se equivocaron sobre lo que era, pero hacían bien en buscarlo. Es un progreso asombroso, y hoy sabemos mucho más sobre cómo está hecho el universo gracias a que esos primeros filósofos hicieron esas preguntas. Recuerda lo que dijo el profesor Aymard: una cosa se basa en otra. Necesitas los primeros pasos antes de poder dar grandes **saltos**.

Garcín: «Este es un pequeño **paso** para el hombre...».

Inés: Exactamente, ¡«un gran salto para la humanidad»!

Roberto trae las bebidas ¡y tres rebanadas de tarta de chocolate! Estela tiene su cuaderno abierto, y el camarero ve que han estado discutiendo sobre los primeros filósofos griegos.

Roberto: Nadie puede bañarse en el mismo río dos veces. Eso lo dijo Heráclito, ¿verdad?

Garcín: Por supuesto que puedes. Si me tirara al Sena hoy y mañana de nuevo, sería el mismo río, ¿no? Seguiría mojado y frío. ¿Y quién es Heráclito? No recuerdo que el profesor Aymard lo mencionara.

Roberto: Pero no es la misma agua. Se mueve constantemente. El argumento de Heráclito es que las cosas siempre están cambiando. Nada permanece quieto. En el próximo minuto, seremos diferentes a como somos ahora. Todo avanza: nuestras vidas, la forma en que pensamos… nada es lo mismo que antes.

Inés: Heráclito estaba en el **folleto** del curso. Pensaba que el mundo estaba hecho de fuego y que todo estaba en constante cambio. Lo definía como si todo estuviera en un constante estado de **guerra,** donde el cambio estaba en todas partes.

Roberto: Así es. Imagina un río que ves todos los días, como el Sena. Las aguas se mueven todo el tiempo, y el mundo también. Hay un cambio permanente, un movimiento constante. Nada permanece igual.

Garcín: Pero algunas cosas sí. Las cosas en las que pienso son las mismas. Las cosas en las que creo son las mismas. Yo sigo siendo el mismo.

*Roberto **se encoge de hombros** y sonríe.*

Roberto: Pero ¿es eso del todo cierto? ¿No cambian tus opiniones con el tiempo? También lo hacen tus gustos. La primera vez que viniste, pediste crepes con salsa de caramelo de naranja. Pero hace meses que no las pides.

Garcín: Solo quería cambiar un poco…

Roberto: ¡Exacto!

Garcín: No me gusta pensar en ello. Me gusta que las cosas estén claras.

Inés: Eres **gracioso,** Garcín. ¿No te parece interesante aprender sobre los orígenes de la filosofía y cómo nuestros antepasados pensaban sobre el mundo?

Garcín: No si sé que están equivocados. Este va a ser un semestre largo.

*Roberto regresa a su trabajo detrás del mostrador, pero unos momentos más tarde vuelve a la mesa con un tazón de **aceitunas**.*

Estela: No pedimos aceitunas, Roberto.

Roberto: Pensé que os apetecería. Al antiguo filósofo griego Tales le gustaban las aceitunas. Tanto es así que predijo con éxito cuándo se produciría la mejor cosecha de aceitunas y compró todas las prensas de aceitunas de su ciudad para demostrarlo. Quería refutar a aquellos que pensaban que los filósofos no servían para nada, ¡y sin duda les demostró que estaban equivocados! Al menos, ganó mucho dinero…

Inés: Eso es muy inteligente. ¿Cómo lo hizo?

Roberto: Observó el mundo que lo rodeaba.. Eso es lo que hace a todos estos filósofos tan importantes. Antes de Tales, el éxito de la cosecha de aceitunas se atribuyó a la influencia de los dioses. Pero Tales utilizó la observación astronómica para predecir cuándo estaría en su mejor momento la **cosecha** de olivos. Entonces, compró todas las prensas de aceitunas de la ciudad para hacer aceite con la cosecha. También, **mediante** la observación, predijo un eclipse solar. Fue muy inteligente.

Garcín: Solo si te gustan las aceitunas…

Roberto: Y demuestra que la filosofía puede ser útil, además de divertida.

Garcín. Si tú lo dices…

Datos clave:

- *Los antiguos filósofos griegos, los que vinieron antes de Sócrates, Platón y Aristóteles, fueron los primeros en reflexionar sobre el universo sin hacer referencia a la mitología. Creían que todo tenía su origen en una sola fuente, por ejemplo: agua, aire, fuego o una sustancia ilimitada que llamaban «ápeiron». Si bien se equivocaban en sus suposiciones, tenían razón en sus esfuerzos. Por lo tanto, pueden ser considerados como los primeros filósofos en analizar un relato observable del mundo que los rodeaba más allá del mito y la leyenda.*

Vocabulario

un puñado de a bunch of
escondido, escondida hidden
robar to steal
(el) hecho fact
(el) salto jump
(el) paso step
(el) folleto brochure
(la) guerra war
encogerse de hombros to shrug one's shoulders
gracioso, graciosa funny
(la) aceituna olive
(la) cosecha harvest
mediante through

CAPÍTULO TRES: SÓCRATES, PLATÓN Y ARISTÓTELES: LOS TRES SABIOS GRIEGOS

Inés, Garcín y Estela están en su tercera clase. Después, irán al Café de Flore. El profesor Aymard les ha puesto deberes.

Profesor Aymard: Sócrates, Platón y Aristóteles: tres nombres unidos para siempre. Fue Platón quien escribió gran parte de lo que Sócrates enseñó, o lo usó como portavoz de su propia filosofía, y Aristóteles quien produjo obras sobre temas tan diversos como la ética, la zoología y la poética. **Eudaimonia**, la palabra griega para «felicidad» o «florecimiento», es lo que estos filósofos creían que era la meta para todos nosotros. Espero que la clase de hoy os haya parecido interesante y, como deberes, me gustaría que intentarais cultivar una virtud propia, tal como enseñó Aristóteles. Recordad, él consideraba que toda virtud tenía una deficiencia y un exceso. Por ejemplo, la **valentía**. Su deficiencia es la cobardía, y su exceso la temeridad. Pensad en ello como un experimento mental. ¿Seríais tan valientes como para defender un tema que os preocupa mucho? ¿Cómo os hace sentir ser virtuosos? Me interesará saber cómo os va. Hasta aquí la clase. Nos vemos la semana que viene.

Inés, Garcín y Estela van al Café de Flore a beber algo y comer un poco de tarta.

Roberto: ¡Hola, chicos! Volvéis de otra clase, ¿verdad? ¿Cuál fue el tema de hoy? ¿Platón?

Inés: ¿Cómo lo supiste?

Roberto: Bueno, comenzasteis por los antiguos griegos, y no puedes avanzar mucho más sin aprender sobre los tres **sabios** griegos: Sócrates, Platón y Aristóteles. Si no fuera por ellos, la filosofía sería muy diferente hoy en día.

Estela: ¿Y eso por qué?

Roberto: Creo que fue el filósofo A. N. Whitehead quien dijo que toda la filosofía occidental era «una nota a pie de página de Platón». Los diálogos socráticos definieron la idea de qué es la filosofía. Se hicieron preguntas fundamentales: «¿Qué es la belleza?», «¿qué es la verdad?», «¿qué es la bondad?». Platón lo escribió todo. Y Aristóteles fue uno de los primeros en desarrollar un sistema ético que todavía se discute hoy en día. Además, él estaba interesado en todos los aspectos de la ciencia y la lógica.

Garcín: ¿Te refieres a hacer preguntas sin respuestas? Tenemos que desarrollar una virtud como deberes. Preferiría escribir un ensayo.

Inés: Creo que será divertido. Hay muchas virtudes para elegir. Creo que yo intentaré ser más modesta. Puedo ser **jactanciosa** a veces.

Estela: Yo también a veces soy bastante presumida. Pero necesito dejar de **preocuparme** por lo que piensen los demás.

Garcín: Tenía la intención de escribir un artículo para el periódico estudiantil sobre el aumento de los precios de la matrícula. Me preocupaba lo que otros pudieran pensar, pero debería ser valiente y hacerlo. ¿Eso cuenta?

Inés: Sin duda, estarías desarrollando tus virtudes, ¡y podrías beneficiarnos a todos!

Los tres se sientan en su mesa habitual, y Roberto trae sus bebidas y tres porciones de tarta de chocolate.

Estela: No me gusta la forma en que Sócrates siempre hacía preguntas y nunca daba respuestas.

Garcín: ¿No es eso lo que hacen todos los filósofos?

Estela: Pero Sócrates era diferente. Conseguía las respuestas que quería escuchar. Al menos eso creo yo. Nunca parecía dar su propia opinión, incluso si la persona con la que estaba hablando parecía cambiar la suya.

Inés: Pero todo lo que decía parecía muy razonable. Al igual que Tales y los primeros filósofos griegos, trataba de buscar respuestas sin recurrir a los dioses o la mitología, aunque sin duda creía en un poder superior al nuestro. Pensaba que teníamos las respuestas a las preguntas de forma innata, y que un interrogatorio adecuado podría revelarnos las respuestas. Ese es el método socrático. Sacar las respuestas.

Estela: Justo como los antiguos griegos. Pero es difícil saber lo que realmente pensaba, porque fue Platón quien escribió todas sus ideas. ¿**Y si** todo lo que decía era en realidad Platón hablando a través de él?

Inés: Es probable. Pero Platón fue su alumno. Probablemente, tenían ideas muy similares y reflexionaban sobre el mismo tipo de cosas. No creo que importe quién escribiera las ideas. Piensa en Jesús: él nunca escribió nada, pero sus **enseñanzas** son seguidas por millones de personas en todo el mundo. Platón tenía tantas ideas que escribió un libro llamado *La República* y dijo que los filósofos deberían ser reyes.

Garcín: ¡Vaya, eso da miedo!

Estela: ¿Creéis que tendremos que saber el método para el examen?

Inés: Creo que necesitamos saber solo la teoría de las formas. Sé que es una teoría extraña, pero me gustó la idea de que todo lo que vemos es solo una sombra de lo real. Es como estar en una cueva y ver sombras en la **pared**, antes de salir a la luz y ver las figuras reales. A mí me parece que tiene sentido.

Garcín: Pero lo que vemos es real. Este pedazo de tarta no es una sombra del mejor pedazo de tarta. Me gusta la tarta, y no creo que pueda ser mucho mejor que esta.

Inés: Pero la cuestión es que no se puede describir la porción de tarta perfecta. Hay cosas en esta porción de tarta que la convierten en una porción de tarta, pero también está la forma real de una tarta en la que se basa cualquier otra tarta. No vemos las cosas como realmente son, solo vemos aproximaciones. Puede parecer extraño, pero ese pedazo de tarta comparte un parecido con otras tartas, pero no es la única tarta. Lo mismo ocurre con la bondad, la belleza y la verdad. Podemos señalarlas **vagamente**, como una pintura que creemos que es hermosa o una forma de comportarse que es buena. Pero no son la bondad o la belleza como tal. Solo vemos la **sombra,** no la cosa real.

Garcín: Por supuesto que la vemos. Esto es una porción de tarta y es real. Es como el argumento del río del otro día. No tiene sentido. No hay un montón de formas ideales flotando a nuestro alrededor. ¿Cómo podríamos saber cuáles son?

Estela: A través de la razón. Piensa en la tarta. Se ve de cierta manera, tiene cierto sabor, tiene ciertas características. Luego, fíjate en el mostrador donde está Roberto. Hay una docena de tartas diferentes. Todas son ligeramente distintas, pero todas se parecen a la forma ideal de una tarta que tienes en mente. Así es como Sócrates hizo pensar a la gente.

Garcín: Y luego lo envenenaron con cicuta. ¡Vaya manera de agradecérselo!

Roberto ha estado limpiando vasos detrás del mostrador, y ahora viene a retirar sus platos y vasos vacíos.

Roberto: ¿Disfrutando de vuestro diálogo socrático?

Garcín: Todos son viejos del pasado. No veo nada relevante en ellos.

Roberto: ¿No estudiaste a Aristóteles hoy también? Me gusta la ética de la virtud. A mí me parece que tiene sentido. Encontrar la aurea mediocritas o dorada medianía. Aristóteles era un filósofo destacable, y no había nada que no le interesara. En aquella época, se decía que sabía todo lo que se podía saber.

Inés: A mí también me gustó esa idea. Que toda virtud tiene un exceso y una deficiencia. Puedes ser valiente, pero también puedes ser temerario o cobarde. Se trata de encontrar el término medio y practicar tu propia virtud.

Esos son nuestros deberes de hoy, cultivar una virtud. Aristóteles lo llamó la «dorada medianía», algo así como el término medio. Para Aristóteles, todo se trata de equilibrio. Los griegos pensaban lo mismo sobre la medicina. Hipócrates, el padre de la medicina moderna, es famoso por argumentar que hay cuatro humores en el cuerpo, que deben estar equilibrados para mantenernos saludables. Aristóteles pensaba lo mismo sobre la forma en que vivimos y nos comportamos. Si todas nuestras virtudes están en equilibrio, entonces seremos la mejor persona posible.

Estela: ¿No te gustó esa idea, Garcín?

Garcín: Supongo que sí. Me gustó la idea de practicar la forma en que actuamos. Me parece que tiene sentido. No puedo ser perfecto al instante. Se necesita práctica, y a veces nos equivocamos. Me gusta sentirme **orgulloso** de las cosas que logro, pero sé que a veces puedo ser arrogante. Es la naturaleza humana.

Inés: ¡Entonces se te dará bien este proyecto!

Roberto: ¿Así que ya has encontrado un filósofo que te guste?

Garcín: De todos ellos, Aristóteles es el que más me gusta hasta ahora.

Roberto: Entonces deberías salir a caminar.

Garcín: ¿A qué te refieres?

Roberto: A Aristóteles le encantaba caminar. Sus alumnos lo seguían y él les enseñaba mientras caminaba. Tal como en la imagen de vuestro libro de texto.

"La escuela de Atenas" pintura de Rafael Sanzio, 1511

Garcín: Entonces, supongo que debería volver caminando a casa en lugar de tomar el metro. Tengo mucho en qué pensar.

Datos clave:

- *Los filósofos socráticos fueron Sócrates, Platón y Aristóteles. Sócrates planteó preguntas que invitaban a la reflexión y desafió las suposiciones de aquellos con los que se encontró. Estos encuentros fueron descritos por uno de sus estudiantes, Platón, quien sentó las bases de gran parte de la filosofía occidental. Se dice que la filosofía de hoy es simplemente una «nota a pie de página de Platón». Estaba interesado en la ética, la política, la justicia, lo que sabemos y cómo podemos saberlo. Su obra inspiró al último de los tres socráticos, Aristóteles. Aristóteles estaba interesado en la ética. Desarrolló una teoría ética conocida como «ética de la virtud» y fue uno de los primeros en desarrollar el estudio de la lógica.*

Vocabulario

valentía courage
(el) sabio, (la) sabia wise
jactancioso, jactanciosa boastful
preocuparse to worry
¿Y si…? What if…?
(la) enseñanza teaching
(la) pared wall
vagamente vaguely
(la) sombra shadow
orgulloso, orgullosa proud

CAPÍTULO CUATRO: CÍNICOS, ESCÉPTICOS, EPICÚREOS, ESTOICOS Y ROMANOS

Inés, Garcín y Estela visitan el Museo de Cluny, un museo con una colección de objetos de la época romana de París. Estela está estudiando historia y guía a Inés y Garcín.

Estela: Me encanta este museo. Es muy interesante. Los romanos y los griegos construyeron grandes civilizaciones. Pensad en esto: el Imperio Romano se extendía desde aquí hasta Tierra Santa y hasta la frontera entre Inglaterra y Escocia. **Abarcaba** toda Europa. Los objetos de este museo muestran cómo se desarrolló su cultura aquí en París, en la tierra conocida como la Galia.

Inés: Y en este museo hay unas termas romanas, ¿verdad?

Estela: Así es. Los romanos ricos venían aquí para bañarse y discutir los temas del día. Y los griegos hacían lo mismo. Los romanos se inspiraron en ellos para su idea de los baños públicos.

Garcín: Entonces, seguramente personas como Sócrates y Aristóteles visitaron termas como esta.

Estela: Exactamente. Escribí un artículo sobre los baños públicos el semestre pasado. Son como los **balnearios**

modernos, pero eran lugares importantes para socializar y discutir sobre política.

Inés: ¿Y filosofía?

Garcín: No imaginaba que los romanos estuvieran muy interesados en la filosofía. ¿No es eso lo que dijo el profesor Aymard?

Inés: Dijo que mucho de lo que sabían lo adoptaron de los griegos. No es exactamente lo mismo. Los romanos no necesitaban reinventar la **rueda**. A medida que conquistaron más del Mediterráneo, entraron en contacto con diferentes ideas y formas de pensar. Sócrates, Platón y Aristóteles serían figuras familiares para ellos, pero también circulaban muchas otras ideas. Las principales influencias de los romanos fueron el epicureísmo y el estoicismo.

Estela: Sigue habiendo estoicos hoy en día, ¿verdad?

Garcín: Estoico significa resignarse a la situación en la que te encuentras. Se trata de aceptar las cosas como son.

Inés: Eso es lo que significa hoy. Pero por aquel entonces, un hombre llamado Zenón de Citio creía que lo único bueno para una persona era poseer virtud. ¿Recordáis que Aristóteles enseñaba algo similar? Todo lo demás, las riquezas, el poder, el éxito, no tenía ninguna relevancia. Zenón afirmó que debemos «vivir de acuerdo con la naturaleza», y que todas nuestras virtudes se basan en una actitud correcta hacia la vida. Resignarnos a nuestra situación es una manera de plantearlo. Los cínicos pensaban lo mismo. No eran cínicos como entenderíamos el término hoy, sino que **sospechaban** de cualquier cosa que no llevara a vivir una vida más virtuosa.

Estela: Es muy práctico, y no deja mucho espacio para Dios, o los dioses en los que creían los romanos. Aunque los estoicos *sí* creían en la divina providencia.

Inés: La filosofía se estaba centrando más en el individuo, así como en las explicaciones sobre el mundo en general. Era todo lo contrario al epicureísmo. Los epicúreos creían que el placer era la esencia misma de la vida. Así que la riqueza, el poder, el éxito, la buena salud y disfrutar de la vida eran tan importantes, o más, que cultivar virtudes. Los epicúreos creían que los dioses no estaban muy interesados en los asuntos humanos. El poeta romano Lucrecio los **elogió** por liberar a los seres humanos de la interferencia de los dioses.

Garcín: ¿Eran **hedonistas**? ¿Creían en poner el placer ante todo?

Inés: No del todo. No creían en la libertad absoluta. Eran los placeres simples los que contaban, aunque para ellos estos eran los placeres más elevados. La amistad era importante para Epicuro, y las alegrías de la naturaleza y la belleza no eran simples cosas ordinarias, sino las cosas más elevadas posibles.

Estela: Pareces escéptico, Garcín.

Garcín: No estoy seguro de cómo puedes decidir entre buenos placeres y malos placeres. ¿No es fácil dejarse llevar? El profesor Aymard dijo que también estaban interesados en cultivar virtudes, pero seguramente todo se volvió un poco confuso. Aunque también había escépticos en la época romana, ¿no es así? Pirrón de Elis fue uno de los primeros filósofos en dudar de todo lo que le rodeaba. **Se negó a** creer que sus sentidos le proporcionaran un verdadero conocimiento del mundo.

Estela: Sí, pero no le hizo muy bien. Sus alumnos tenían que seguirlo constantemente para **asegurarse de** que no **se hacía daño.** Caminaba por el medio de la calle porque no creía que el caballo y el carro que se **abalanzaban** hacia él fueran reales.

Garcín: Ni siquiera yo soy tan escéptico. Miro dos veces antes de cruzar la calle. Me sorprende que los romanos adoptaran todas estas ideas. ¡Si se pasaban todo el día en unos baños públicos, debían tener mucho tiempo para pensar!

Datos clave:

- *A raíz de la filosofía socrática, surgieron cuatro escuelas o patrones de pensamiento sobre la filosofía: cinismo, escepticismo, epicureísmo y estoicismo. Los filósofos postsocráticos se centraron más en el individuo que en las cuestiones comunitarias, como la política. Por ejemplo, el estoicismo enseñaba el cultivo de una determinada forma de vida basada en virtudes como la valentía y la sabiduría. De esta manera, la filosofía se centró en el individuo, aunque persistía una preocupación por el mundo en general. Todavía existen elementos de estas escuelas y sus enseñanzas. Aún nos referimos a una persona estoica como alguien que acepta las cosas cómo son, y usamos la palabra «cínico» para referirnos a un individuo escéptico.*

Vocabulario

abarcar to encompass
(el) balneario spa, resort
(la) rueda wheel
sospechar to suspect
elogiar to praise
negarse a to refuse
asegurarse de to make sure of
hacerse daño to get hurt
abalanzarse to pounce
a raíz de: due to, as a result of

CAPÍTULO CINCO: CRISTIANISMO Y FILOSOFÍA: SANTOS Y PECADORES

La clase del profesor Aymard llega a su fin. Inés, Garcín y Estela caminan por las calles de París después de clase. Estela es cristiana, y hace poco ha comenzado a asistir a una nueva iglesia que es muy antigua y hermosa. Les pregunta a los otros dos si les importaría hacer una parada en la iglesia para que pueda encender una vela.

Profesor Aymard: Y así, para resumir, este era un momento extraño para la filosofía. En Roma, teníamos a los que se llamaban a sí mismos estoicos, epicúreos, cínicos y escépticos, pero un nuevo movimiento estaba surgiendo en todo el Mediterráneo: el cristianismo. Con la conversión del emperador Constantino en el año 312 d. C., lo que había comenzado como una oscura secta judía **de repente** se convirtió en un sistema de creencias con enormes consecuencias. La filosofía encontró una herramienta para justificar un sistema de creencias, y se preocupó en gran medida por las preguntas que rodeaban la naturaleza de Dios, que se ha extendido por todo el mundo para convertirse en la religión más grande conocida por la humanidad. En la próxima clase, veremos a dónde llevó eso. Buenas tardes a todos.

"Lutero en Erfurt", que representa a Martín Lutero descubriendo la doctrina de la sola fide (solo por fe). Pintura de Joseph Noel Paton, 1861.

Después de la clase y una breve caminata, Inés, Garcín y Estela entran al fresco interior de la iglesia, iluminado por un rayo de luz que entra por la ventana este.

Garcín: Me encanta el **olor** de las **iglesias**, el incienso que flota en el aire y el aroma de las flores.

Inés: Fíjate en el precioso cuadro sobre el altar. No soy cristiana, pero me encanta la paz y la tranquilidad del lugar.

Estela va a encender una vela y regresa con los otros dos, que se han sentado en la parte trasera de la iglesia.

Garcín: ¿Fuiste criada como cristiana, Estela? Nunca te lo he preguntado, pero sé que vas a **misa** todos los domingos.

Estela: Así es. Mi madre siempre me llevaba a la iglesia. No puedo imaginar no tener **fe**.

Garcín: La verdad es que yo nunca lo he pensado. Me gustan…

Inés: Los hechos, sí, lo sabemos. Pero ¿no te han enseñado las clases de las últimas semanas que los hechos no siempre son lo que parecen?

Garcín: Pero me parece, y no quiero ofenderte, Estela, que cuando llegó el cristianismo, Dios empezó a usarse como explicación para cualquier cosa. Tanto para los antiguos griegos como para Sócrates. ¿No supone eso el fin de la filosofía?

Estela: La filosofía sin duda cambió. Los filósofos se interesaron más en aprender sobre Dios y cómo era Dios. ¿Cómo se creó el universo? ¿Cómo llegó a ser lo que es hoy? Todas esas preguntas se dejaron de lado. No necesitaban explicar esas cosas. Asumían que Dios creó el mundo, como si fuera un hecho científico. **Hoy en día**, es difícil para nosotros pensar de esa manera. Pero, **en**

ese entonces, Dios lo era todo para ellos.

Inés: Entonces, la filosofía se convirtió en teología. Todo trataba sobre Dios. Pero sí usaron el pensamiento de Aristóteles, al menos en la época medieval.

Estela: Había una nueva forma de pensar acerca de Dios, basada en la idea judía de un solo Dios en lugar de muchos dioses. Esto estaba en oposición directa a la idea romana y griega de un panteón de dioses: muchos dioses diferentes que se preocupaban por diferentes aspectos de la vida humana. La filosofía todavía existía, pero no era vista como algo diferente de la teología, y solo la teología cristiana era vista como la verdad. Todavía estamos muy lejos de la época medieval, pero debemos recordar que la sociedad se construyó completamente en torno a la idea de que Dios, o los dioses, eran responsables de todo lo que ocurría. Las ideas de Aristóteles y los filósofos socráticos se perdieron en gran medida en Occidente, al igual que aquellas formas de pensar que cuestionaban la idea de entender el mundo desde una perspectiva diferente.

Garcín: Entonces, pensaban que era un hecho que Dios existía, y, a partir de ese hecho, construyeron un sistema.

Estela: Exactamente, y es un sistema que todavía se usa hoy en día. La teología cristiana no ha cambiado tanto, aunque la filosofía haya tratado de separarse de ella.

Inés: El profesor Aymard dijo que se trataba de usar la filosofía para hacer que Dios fuera comprensible y para demostrar su existencia. Estaban tratando de averiguar cómo era Dios.

Estela: Y la Iglesia tardó cientos de años en decidirlo. También hubo muchas discusiones y divisiones en la Iglesia.

Garcín: ¿Pero al final llegaron a una conclusión?

Estela: Sí, lo hicieron. <u>El Credo de Nicea</u>, que pronunciamos en la misa todos los domingos, es una obra de filosofía. Describe lo que los cristianos creen acerca de Dios. Comienza con «Creo en Dios...» y continúa explicando lo que los cristianos creen que es Dios. Dios es una <u>trinidad</u>: tres personas en una. Padre, Hijo y Espíritu Santo. El Credo de Nicea también describe cómo murió Jesús y cómo resucitó de entre los muertos.

Garcín: ¿Nicea?

Estela: Sí, después del concilio de Nicea en el 325 d. C. Es un lugar en la Turquía moderna. Fue la primera vez que la Iglesia cristiana al completo llegó a un acuerdo sobre ciertas cuestiones filosóficas. También acordaron cómo se debe decidir la fecha de la Pascua.

Garcín: ¿Qué cuestiones?

Estela: ¿No escuchaste nada de lo que nos explicó el profesor Aymard? La cuestión de la naturaleza de Jesucristo. ¿Jesús tuvo un origen? ¿Fue creado o no tuvo ningún **principio**?

Garcín: ¿Y qué decidieron?

Estela: Que Jesús no tenía principio. Que siempre existió. Eso también significó que muchas de las ideas filosóficas fueron resueltas. Muchos debates dejaron de ser necesarios.

Inés: Y supongo que eso fue así durante un tiempo, ¿verdad? La filosofía se convirtió en una **herramienta** para la teología y estaba limitada por lo que se pensaba que era un hecho.

Estela: Exactamente. No había lugar para otras ideas o **desafíos**. Hoy, las cosas son diferentes. La teología se relaciona con la ciencia y la filosofía. ¿Sabíais que fue un **sacerdote** católico quien propuso por primera vez la teoría del Big Bang a principios del siglo XX?

Garcín: ¡No tenía ni idea! Así que ¿era tanto científico como creyente?

Inés: Exactamente. No son incompatibles.

Datos clave:

- *La tradición judía era casi la única que creía en la existencia de un solo Dios, a diferencia de las religiones griega y romana, que creían en muchos dioses. Después de la crucifixión, el cristianismo se desarrolló a partir de sus raíces judías, pero la Iglesia tardó muchos cientos de años en llegar a un acuerdo sobre sus creencias. Esto condujo a los credos, que son declaraciones filosóficas de creencias que buscaban definir cómo deberían pensar en Dios los creyentes. La filosofía y la teología estaban estrechamente vinculadas, y las preguntas formuladas por los filósofos socráticos se veían a través de la lente de la creencia cristiana, encontrando respuestas basadas en la verdad asumida del cristianismo.*

Vocabulario

de repente suddenly
(el) olor smell
(la) iglesia church
(la) misa mass
(la) fe faith
hoy en día today
en ese entonces back then
(el) principio beginning
(la) herramienta tool
(el) desafío challenge
(el) sacerdote priest

CAPÍTULO SEIS: LOS AÑOS OSCUROS, LA EDAD MEDIA ¡Y UN POCO DE LUZ!

Inés, Garcín y Estela asisten a la clase del profesor Aymard. Después, se dirigen al Café de Flore para beber algo y repasar lo que han estudiado hasta ahora.

Profesor Aymard: Es posible que os hayáis preguntado por qué estoy tan interesado en enseñaros esta época de la filosofía. En muchos libros de texto de filosofía, solo se describe brevemente el período de la Grecia antigua, y luego se avanza rápidamente hasta Descartes. Pero eso sería perderse varios cientos de años. La lección que debéis aprender es que, durante este período, la filosofía fue una herramienta para la teología, y lo que conocemos como filosofía se puso al servicio de la Iglesia cristiana. Esto no es algo malo, pero resulta difícil de entender para nosotros. Vivimos en un mundo donde la mayoría de la gente presta poca atención a la religión o, mejor dicho, podemos elegir entre creer o no creer. Pero en el período medieval, la religión, puntualmente el cristianismo, era fundamental para todo. Una persona vivía toda su vida de acuerdo con las tradiciones, los rituales y las creencias de la Iglesia. La filosofía solo era una parte de eso. Durante ese período, algunos de los más grandes **pensadores** de la historia del cristianismo pasaron a primer plano: Agustín, Aquino y Anselmo, por nombrar solo algunos. Es importante que conozcamos algo sobre ellos a medida que avanzamos para aprender más sobre lo que sucedió más adelante. Las palabras clave son «fe» y «razón». Ambas se utilizaron para influir en el modo en que las personas pensaban sobre los problemas relacionados con la religión.

*Inés, Garcín y Estela están en el café. Llegaron **temprano** y pidieron algo para comer: ¡croque monsieurs y patatas fritas!*

Garcín: ¡Tengo tanta hambre! Hoy no he comido nada.

Estela: ¡Eso es culpa tuya! Deberías desayunar. No me extraña que no te concentres en las clases. Puedes tomar un poco de mi plato. Me pase toda la clase del profesor Aymard comiendo dulces. No tengo hambre **en absoluto**.

Inés: La clase me pareció realmente interesante. Es increíble imaginar que la filosofía no evolucionó mucho más durante todos esos cientos de años. Todo estaba centrado en la Iglesia y en entender a Dios y la moralidad. No hubo mucho en cuanto a descubrimientos científicos o en el desarrollo de nuevas tecnologías. Parece un paso atrás después de la gloria de Roma y la antigua Grecia.

Inés: Por eso se les llaman los años oscuros. La mayoría de la gente no sabía leer ni escribir. Estaban demasiado **ocupados** tratando de sobrevivir. No había mucho tiempo para la filosofía. Fue solo en los monasterios, lugares en los que los monjes tenían tiempo para leer y aprender, donde cualquier cosa que se pareciera a la filosofía sobrevivió. Todas las figuras conocidas de la época eran **monjes**: santo Tomás de Aquino, san

Agustín, san Anselmo y el resto. Usaron la filosofía como una herramienta para desarrollar sus ideas sobre Dios y la moralidad.

Garcín: Debió haber sido una época extraña para vivir. Nadie cuestionaba ninguna de las enseñanzas de la Iglesia. **Aunque** si creían que la teología era una ciencia, ¿por qué iban a hacerlo?

Inés: Exactamente. No había razón para cuestionarlo, y no había alternativa a la que recurrir. La filosofía se utilizó como un medio para reforzar las creencias que la gente ya tenía.

Garcín: Como el argumento cosmológico. Uno de sus defensores fue santo Tomás de Aquino, quien afirmó que todo tiene una causa, que el universo también tuvo una causa y que esa causa era Dios. No puedes tener una causa incausada, excepto Dios. Todo tiene una causa. Pero la primera causa seguramente fue Dios.

Inés: No necesariamente Dios. El argumento cosmológico solo demuestra que había una causa, pero no dice que haya sido el dios en el que creen los cristianos.

Garcín: De acuerdo, pero eso es lo que creía Tomás de Aquino. Además, tenía otras formas de demostrar la existencia de Dios. Su argumento del movimiento, por ejemplo. Afirmó que todo se está moviendo, pero que el movimiento debe tener un motor que le dé origen. Ese motor original es Dios. Lo llamó un «primer motor».

Inés: Pero eso sigue sin demostrar la existencia del Dios cristiano.

Garcín: No digo que lo demuestre. Pero eso es lo que pensaba Aquino. Creía que la teología era una ciencia, y usaba el razonamiento lógico para demostrar sus argumentos. Además, no era el único. También me gusta el argumento de San Anselmo. El argumento <u>ontológico</u>. Citó la Biblia para defender su argumento. «El necio ha dicho en su corazón: "No hay Dios"», salmo 14. Dijo que la definición de Dios demostraba la existencia de Dios. Dios es lo más grande que podemos pensar. Si pudieras pensar en algo aun más grande, eso sería Dios, y así sucesivamente. Piensa en dos cosas, una que existe y otra que no. Es mejor existir que no existir, por lo que la cosa que existe es mejor. Todo está en la definición. ¡Hoy he estado **prestando atención**!

Estela: ¡Creo que me he mareado!. Pero también depende de la fe, ¿no? Tienes razón, Inés, ninguno de estos argumentos demuestra la existencia del Dios cristiano, pero la fe de Aquino le enseñó que sí; la causa incausada, el primer motor inmóvil, el ser del que no existe nada más grande que sí mismo. Todos ellos son el Dios del que aprendimos en la última clase.

Garcín: Pero Tomás de Aquino también estaba interesado en la ética, ¿verdad?

Estela: Desde luego. Esa es la parte que encuentro más interesante. Le interesaban muchas cosas. ¡Su obra más famosa, *Suma teológica*, es enorme! La ética es una parte central de la enseñanza cristiana. Tomás de Aquino creía que cada uno de nosotros tiene incorporada la capacidad racional de saber lo que está bien y lo que está mal. Y que esa capacidad proviene de Dios. Hoy en día, diríamos que está en nuestro ADN. Es una forma de ver la ética centrada en la acción, no en la consecuencia. También es absolutista, porque existe una respuesta correcta y una respuesta incorrecta a cualquier dilema moral. ¡Tomás de Aquino no creía en las opciones!

Garcín: Pero tiene sentido. Todos tenemos conciencia, o al menos eso me gustaría creer. ¿De qué otra manera podríamos saber lo que está bien y lo que está mal?

Inés: Lo aprendemos de los demás. No necesariamente forma parte de nosotros desde el principio. ¿No es eso parte de crecer? Aprendemos la diferencia entre el bien y el mal. Un bebé no sabe que robarle un **juguete** a su amigo está mal, pero un adulto no le **arrebataría** un **periódico** a otra persona sin más, ¿verdad?

Estela: Creo que Garcín tiene razón. Tenemos un sentido innato de lo correcto y lo incorrecto. En ocasiones, simplemente *sabemos* qué es lo correcto. Hacerlo o no depende de nosotros.

Inés: Vale, eso puedo aceptarlo. Pero el hecho de que podamos sentir qué está bien o mal no significa que actuemos en consecuencia. Y por eso Tomás de Aquino creía que tenemos **libre albedrío**. Pero él diría que siempre apuntamos hacia el bien. Lo veía como una forma de acercarse a Dios.

Garcín: Es difícil imaginar un mundo así. Supongo que la gente común no se preocupaba mucho por la filosofía. No tenían muchas oportunidades de pensar por sí mismos.

Estela: Exactamente. Prefiero un mundo donde la gente pueda tomar sus propias decisiones. No necesito todos estos argumentos complicados para dar sentido a mi fe. Sé que creo y eso es suficiente.

Datos clave:

- *Durante la Edad Media, muchos textos del pensamiento griego antiguo se perdieron en Occidente, y fueron «redescubiertos» en el período medieval posterior. Gran parte de estos textos fueron conservados por los eruditos islámicos en Oriente. Pensadores como santo Tomás de Aquino y san Anselmo utilizaron estos textos recién redescubiertos, como los de Aristóteles, como base para su propia escritura y pensamiento. Los métodos de la lógica y la retórica se aplicaron a la teología cristiana, lo que resultó en un gran número de argumentos a favor de la existencia de Dios, como los argumentos cosmológicos y ontológicos.*

Vocabulario

(el) pensador, (la) pensadora thinker
temprano early
en absoluto at all
ocupado, ocupada busy
(el) monje monk
aunque though
prestar atención to pay attention
desde luego of course
(el) juguete toy
arrebatar to snatch
(el) periódico newspaper
vale okay
(el) libre albedrío free will

CAPÍTULO SIETE: EL COMIENZO DE LA FILOSOFÍA MODERNA

*Inés, Garcín y Estela están **a punto de** hacer un examen. El profesor Aymard los pondrá a prueba en todo lo que han aprendido hasta ahora.*

Profesor Aymard: Y así, en resumen, llegamos al final de lo que podríamos llamar «**escolástica**». Vimos cómo los antiguos griegos comenzaron a hacer preguntas sobre el mundo que los rodeaba y desarrollaron teorías sobre la naturaleza de las cosas que no se basaban en los dioses o la mitología. Esta era la llamada filosofía antigua, y dio lugar a muchas escuelas de pensamiento diferentes: el estoicismo, el epicureísmo, entre otras. Luego, vimos cómo la filosofía se convirtió en una herramienta para la teología y cómo, durante cientos de años, las dos eran casi indistinguibles. Esto era la escolástica. La Iglesia tenía la última palabra en materia de filosofía, pero durante esta época se redescubrió a Aristóteles y surgieron muchos de los argumentos clásicos a favor de la existencia de Dios. No debemos olvidar que fue la Iglesia, junto con los eruditos islámicos, la que conservó muchos de los textos del mundo antiguo que hoy conocemos. Eso es fundamental. Luego, comienza una nueva era: la era de la filosofía moderna. Pero antes de empezar con el próximo tema, tendremos un examen de todo lo que aprendimos hasta ahora. El examen será un repaso general de estos dos períodos, antiguo y escolástico. No os preocupéis, ¡no será un examen muy largo! Buenas tardes a todos.

*Inés. Garcín y Estela salen de la clase y **pasean** juntos por París.*

Garcín: ¿Por qué tenemos que hacer un examen ahora? Todo lo que aprendimos son ideas **pasadas de moda.** Sigo sin ver por qué es relevante.

Inés: Hemos aprendido mucho, Garcín. Aprendimos sobre los primeros griegos y sus ideas sobre el mundo, sobre Sócrates, Platón y Aristóteles y cuánto les debemos, incluso ahora. Aprendimos sobre el cristianismo y sobre cómo la filosofía y la teología se unieron y se conservaron durante el período medieval, así como sobre las antiguas escuelas de los cínicos, escépticos, epicúreos y estoicos. La verdad es que es **bastante**.

Garcín: Pero es todo lo mismo. Me parece que hay dos maneras de verlo. Primero los griegos y luego el cristianismo. No veo ningún desarrollo y seguimos haciendo las mismas preguntas. ¿Cuándo llegan las respuestas?

Estela: ¿No has escuchado nada hoy? Hemos llegado al principio de la filosofía moderna. Hasta ahora, hemos recorrido la escolástica. La Iglesia conservó gran parte de Aristóteles y Platón, pero apenas cuestionó a Aquino y los otros filósofos escolásticos. Hicieron de la teología una ciencia, una que no necesitaba ser cuestionada, y la filosofía se convirtió en una herramienta para eso.

Inés: Pero hacia el final de esa época llegó un momento radical. Algunos pensadores **sugirieron** que el intento de justificar las creencias religiosas a través de la filosofía había **fracasado**. Ese fue un gran cambio. No podemos **subestimar** cómo su perspectiva marcó la diferencia en la dirección que tomaría la filosofía.

Garcín: Entonces, ¿la ciencia se volvió importante?

Estela: Siempre quieres que la ciencia sea importante, Garcín. Lo que era más importante era el espíritu de la época. Las cosas no cambiaron de la noche a la mañana, sino gradualmente. Algunos cuestionaron las ideas que presentó Aquino, y otros pensaron que aplicar la filosofía a la doctrina cristiana era un fracaso. Había un hombre llamado Guillermo de Oackham que afirmó que no deberíamos multiplicar entidades innecesariamente.

Garcín: ¿Qué significa eso?

Estela: Significa que no compliquemos demasiado las cosas. Si escuchas los golpes de unas **pezuñas trotando**, piensa en caballos, no en cebras. La explicación más simple suele ser la correcta. En un mundo donde Dios era la causa de todo, pensar así era muy diferente a la manera en que la mayoría de la gente pensaba. La ciencia fue vista con **recelo**. Piensa en Galileo. Fue juzgado por afirmar que la Tierra giraba alrededor del sol y no estaba en el centro del universo. No fue la ciencia la que causó el cambio, sino la reforma.

Inés: Pero la reforma era cristiana. La Iglesia se dividió entre católicos y protestantes. ¿Por qué afectaría eso a la filosofía?

Estela: Sí, pero esa división significó que lo que una vez fue incuestionable ahora era cuestionado. La Biblia se tradujo a diferentes idiomas y más personas aprendieron sobre las enseñanzas de la Iglesia. Empezaron a cuestionarse las cosas por sí mismos. No porque no creyeran en Dios, nadie lo habría afirmado públicamente en aquella época, sino porque querían entender mejor a Dios. Una vez que se produjo esa división, no había nada que las autoridades de la Iglesia pudieran hacer para evitar que otros también cuestionaran las cosas. La filosofía tuvo su **renacimiento** y entró en el período que conocemos como «filosofía moderna».

Garcín: Seguramente fue un momento **aterrador**. Todo lo que se había **dado por sentado** se puso patas arriba. Es como si nosotros descubriéramos que todo lo que sabemos sobre el universo está mal.

Inés: O que solo somos cerebros en una **cubeta** y nada de lo que vemos es real.

Estela: Creo que te estás adelantando mucho. Todo eso lo veremos más adelante. Pero antes, tenemos que prepararnos para el examen.

Datos clave:

- *El surgimiento de la filosofía moderna ocurrió lentamente. Hay una tendencia a creer que todo comenzó con Descartes, pero el proceso fue gradual. Surgieron preguntas sobre la utilidad de la filosofía como herramienta pura para la teología. La reforma causó una enorme división en el cristianismo y con ella llegó un cuestionamiento fundamental del statu quo. La cristiandad se dividió, y esto abrió el camino para un mayor cuestionamiento de las suposiciones y creencias previamente indiscutibles. La Iglesia de Roma ya no tenía un control absoluto sobre la doctrina cristiana, y esto llevó a los disidentes a cuestionar aquello que antes no se cuestionaba. El renacimiento de la filosofía había comenzado.*

Vocabulario

a punto de about to
pasear to take a walk
pasado de moda, pasada de moda old-fashioned
bastante quite
surgir to arise
fracasar to fail
subestimar to underestimate
(la) pezuña hoof
trotar to jog
(el) recelo suspicion
(el) renacimiento rebirth, revival, renewal
aterrador scary
dar por sentado to assume
(la) cubeta bucket

CAPÍTULO OCHO: EL CAMBIO CARTESIANO: LA FILOSOFÍA DE DESCARTES

Inés, Garcín y Estela acaban de recibir los resultados de su examen. Garcín no lo ha hecho tan bien como las chicas. Pero su estado de ánimo ha mejorado después de la clase de hoy, de la que hablan mientras vuelven juntos a casa por la orilla del Sena.

Profesor Aymard: Me han impresionado los resultados de algunos de vuestros exámenes. No tanto de otros. Pero aún estamos en los primeros días del curso, y todavía queda mucho por aprender. Hoy quiero hablar de una figura imponente en la historia de la filosofía. Su nombre es René Descartes, y es tan conocido que hablamos de un cambio cartesiano en la filosofía. Podemos considerarlo uno de los fundadores de la filosofía moderna, y sus ideas aún se estudian a día de hoy. Distinguido matemático y científico, era católico, además de filósofo. Pero, a diferencia de los escolásticos, Descartes estaba dispuesto a cuestionar las creencias previas. Buscaba la certeza, y eso lo llevó a desarrollar el método cartesiano. En resumen, Descartes dudaba de todo hasta que podía estar seguro de ello. Era un racionalista, y también nos encontraremos con más racionalistas en la próxima clase.

Retrato de van René Descartes por Frans Hals (entre 1649 y 1700)

Después de la clase, Inés, Garcín y Estela caminan juntos hacia el Café de Flore.

Garcín: El profesor Aymard me dijo que fui demasiado crítico con los filósofos que hemos estudiado. Pero yo pensaba que la filosofía consistía en cuestionar lo que otras personas dicen.

Estela: Sí, pero también tienes que ser constructivo al estar en desacuerdo.

Garcín: Pero ¿cómo puedo ser constructivo si creo que todo está equivocado?

Inés: ¿Y hoy? ¿No te parece que Descartes es interesante?

Garcín: La verdad es que me encantaron algunas de sus ideas. Dudar de todo, incluso de tus propios sentidos, me parece **sensato**.

Estela: Pero siempre has dicho que te gustan los hechos y que crees en lo que la ciencia te dice. Descartes te hace dudar de todo.

Inés: No de todo. No podemos dudar de que existimos. Esa es su famosa frase: «Pienso, luego existo». A partir de esto, puedo razonar que el mundo externo y los hechos de las matemáticas tampoco son una ilusión. En tanto que sé algo sobre mí, también puedo saber sobre estas cosas.

Garcín: «*Cogito ergo sum*», en latín.

Inés: Exactamente, Descartes pensaba que podíamos dudar de todo, incluso de 2+2=4. Afirmó que incluso la aparente certeza de las matemáticas podría ser falsa, ya que Dios podría hacer que nos equivocáramos al contar.

Estela: Pero como católico, debía creer que Dios es bueno. Un Dios bueno no nos **engañaría**.

Garcín: Pero un demonio **malvado** podría. Eso es lo que él decía, ¿verdad? Un demonio malvado podría engañarnos acerca de todas las cosas, excepto sobre el hecho de que estamos pensando. No podemos dudar de que estamos pensando, incluso aunque dudemos de todo lo que estamos pensando.

Inés: ¡Hoy sí que has prestado atención!

Garcín: Me gusta Descartes, aunque sus ideas dan un poco de miedo. Pensad en ello. No hay nada de lo que podamos estar seguros. Nuestros sentidos nos engañan. **Soñamos** sueños que parecen reales. Recordamos cosas que no sucedieron…

Inés: Pero podemos estar seguros de que estamos pensando. Todos tus hechos científicos empiezan a ser cuestionados, Garcín. ¡No hay certeza sobre nada, excepto sobre el hecho de que estamos pensando!

Garcín: Además, hay otra razón por la que me gusta.

Estela: ¿Ah, sí? ¿Cuál es?

Garcín: Él era como yo. Solía dormir hasta el **mediodía**. ¡No era una persona mañanera!

Inés: ¿Y no dijo el profesor Aymard que algunos pensaban que era un espía, porque se mudaba de casa todo el tiempo? Aunque tú no eres un espía, Garcín…

Garcín: Bueno, si lo fuera no podrías saberlo, ¿verdad?

> *Datos clave:*
>
> - *René Descartes fue un filósofo racionalista que creía en la razón como único medio para alcanzar el verdadero conocimiento. Quería construir una base indiscutible para su sistema filosófico, y la única forma de hacerlo era cuestionarlo todo. Su trabajo rompió con la filosofía escolástica del pasado, aunque era católico y creía en Dios. Es conocido como «el padre de la filosofía moderna», y le interesaba descubrir lo que podemos saber con certeza y la relación entre el cuerpo y la mente. Como <u>dualista</u>, consideraba que el cuerpo y la mente son cosas separadas. Descartes se dio cuenta de que confiar en los sentidos podía conducir al error, pero como dudaba de sus propios sentidos, sabía que él tenía que existir. De ahí sus famosas palabras «Pienso, luego existo».*

Vocabulario

sensato, sensata sensible
engañar to lie
malvado, malvada evil, wicked
soñar to dream
(el) mediodía noon

CAPÍTULO NUEVE: LEIBNIZ Y SPINOZA: LOS RACIONALISTAS CONTINENTALES

*Inés y Estela esperan a Garcín. Les ha dicho que tiene una sorpresa para ellas, y han **quedado** en su quiosco literario favorito a orillas del Sena.*

Inés: Llega diez minutos tarde. ¿Dónde está?

Estela: Mira, ahí está. En el puente.

*Señala a Garcín, que se acerca **apresuradamente** con una sonrisa en el rostro. Tiene un vendaje en el brazo, y ambas se preguntan qué le ha pasado.*

Inés: Dios mío, Garcín. ¿Estás bien? ¿Has tenido un accidente?

Garcín: Estoy bien. Aunque **dolió** un poco.

Estela: ¿El qué?

Garcín: Esto.

Se quita el vendaje para revelar un tatuaje que se extiende a lo largo de su brazo.

Inés: No puede ser.

Garcín: Pues sí. Os dije que creía que Descartes tenía

razón. «Pienso, luego existo». ¿Quién necesita más que eso? Me lo he tatuado en el brazo. He encontrado al filósofo perfecto para mí.

Estela: No mencionaste que pensabas hacerte un tatuaje. ¿Por qué lo has hecho? Y estás seguro de que tiene razón, ¿verdad? ¡Tu madre no estará contenta!

Garcín: Me pondré una camisa de manga larga la próxima vez que la vea. Es lo primero que he escuchado este curso a lo que le encuentro sentido. Sé que pienso y eso significa que existo. Estoy pensando ahora, así que debo existir. No importa de qué otra cosa dude, no puedo dudar de eso. Y sí, siempre quise tener un tatuaje. Iba a hacerme una flor de lis, pero la última clase me hizo cambiar de opinión.

Estela e Inés intercambian miradas.

Inés: Todavía quedan muchos filósofos por conocer. Y además te perdiste la clase de hoy. Trataba de Gottfried Wilhelm Leibniz y Baruch Spinoza.

Garcín: Vale, habladme de ellos. Pero no creo que puedan ser mejores que Descartes.

Estela: Leibniz y Spinoza eran racionalistas, al igual que Descartes, pero cada uno tenía sus propias ideas. Spinoza pensaba que el mundo no fue hecho por Dios, sino que era parte de Dios.

Inés: Fue una idea muy controvertida. Era judío, y sus ideas contradecían tanto la comprensión judía de Dios como la cristiana.

Garcín: Entonces ¿todos somos parte de Dios? ¿Y también todo lo que existe?

Estela: Incluso tu tatuaje. Se llama <u>panteísmo</u>. ¿Recuerdas a los estoicos? Algunos de ellos también lo creían. Es una alternativa racional a Descartes.

Inés: Pero Spinoza también estaba interesado en la ética. *Ética* fue el título de su libro más famoso. Pensaba que la filosofía era una práctica espiritual, y que su objetivo era la felicidad. Bertrand Russell lo llamó «el más noble y adorable» de los grandes filósofos. Si Descartes fue el padre de la filosofía moderna, no hay duda de que Spinoza también jugó un papel importante. Spinoza es el responsable de que pensemos en la filosofía como un medio para alcanzar la bondad moral. Quería que la filosofía marcara la diferencia en la vida de las personas.

Garcín: ¿Y era amigo de Leibniz? ¿Cómo se conocieron?

Estela: Leibniz **fingía** no conocerlo. Se conocían, pero Leibniz quería prosperar en su carrera, y ser amigo de alguien como Spinoza no habría ayudado. Pero Leibniz también es interesante. Afirmaba que vivimos en «el mejor de los mundos posibles».

Garcín: ¿Qué significa eso? La mayoría de la gente piensa que en este mundo hay muchas cosas malas, ¿no?

Inés: Él intentaba resolver el problema del mal. Se llama «<u>teodicea</u>». ¿Cómo puede haber tanto mal en un mundo que fue creado por un Dios bondadoso? Leibniz decía que Dios tenía que elegir un universo de todos los lógicamente posibles, y que como Dios es perfectamente bueno y perfectamente razonable, esta debe ser la mejor opción posible.

Garcín: Pero el mal sigue existiendo.

Inés: Sí, por eso este es solo el mejor de los mundos posibles. ¡Las alternativas serían mucho peores!

Estela: Estaba interesado en la sustancia del mundo. A diferencia de Spinoza, no creía que el mundo estuviera hecho de Dios, o que solo hubiera tres sustancias –Dios, mente y materia– como Descartes. Él creía que había un número infinito de sustancias. Las llamó <u>mónadas</u>. ¿Recuerdas que Tales pensaba que el mundo estaba hecho de agua? Bien, pues esto es solo una versión más sofisticada. Pero se basa en la razón, más que en la experiencia.

Garcín: ¿Las mónadas? Es una palabra extraña.

Estela: Pero, en cierto modo, tenía razón. Si pensamos en mónadas como átomos, podemos entenderlo mejor. Es lo más pequeño en lo que podemos pensar. En aquel entonces, Leibniz no tenía todo el equipo científico que tenemos en la actualidad. Así que llegó a sus conclusiones a través de la razón.

Garcín: Entonces, ¿todo está hecho de mónadas?

Estela: Sí. Es algo parecido a lo que hoy entendemos por los átomos, e incluso elementos más pequeños.

Inés: Tengo un dato curioso sobre Spinoza para ti, Garcín. Creo que te gustará.

Garcín: A ver...

Inés: Solía quitar a **arañas** de sus propias **telarañas**, colocarlas en otras telarañas y verlas pelear. Al parecer lo encontraba muy divertido.

Estela: ¡Eso es horrible!

Garcín: ¡Asqueroso! Definitivamente me quedo con Descartes.

Datos clave:

- *Spinoza y Leibniz formaban parte de la tradición racionalista de la filosofía. Creían que ciertas verdades sobre el mundo podían alcanzarse solo a través de la razón, y que las experiencias de los sentidos eran secundarias. Sin embargo, Leibniz no estaba a favor de la filosofía de Descartes o de Spinoza. Todos tenían intereses **amplios** y variados. De los dos, Spinoza fue el más controvertido, mientras que Leibniz fue una figura del establishment. La idea más controvertida de Spinoza es que el mundo es parte de Dios. Esto se conoce como panteísmo, y por esto fue excomulgado de la comunidad judía de la que formaba parte. Siguiendo la tradición griega, recordó a sus lectores la importancia de la filosofía para la buena vida y que la práctica de la filosofía podía conducir a la bondad moral.*

Vocabulario

quedar to meet
apresuradamente hurriedly
doler to hurt
fingir to pretend
a ver let's see
(la) araña spider
(la) telaraña spiderweb
amplio, amplia broad

CAPÍTULO DIEZ: EMPIRISMO INGLÉS: LOCKE, BERKELEY Y HUME, LOS TRES SABIOS INGLESES

El profesor Aymard termina la clase y luego Inés, Garcín y Estela van a la cafetería. Garcín muestra con orgullo su nuevo tatuaje a Roberto, quien acaba de traerles las bebidas y tres porciones de tarta.

Profesor Aymard: Pensad en el empirismo como lo opuesto al racionalismo. Los racionalistas creían que la razón podía informarles de las verdades sobre el mundo, mientras que los empiristas creían que podían confiar en sus sentidos para alcanzar el conocimiento. La tradición del racionalismo se desarrolló en la Europa continental, mientras que fue en el Reino Unido donde aparecieron los empiristas. La razón o los sentidos. La elección es vuestra.

Estela: ¿O ambos?

Profesor Aymard: Sí, por supuesto. No deberíamos pensar que no hay más que dos opciones. Quizás también sea posible un término medio. Aprenderemos más sobre eso en la próxima clase. Aprenderemos sobre la posibilidad de un sano escepticismo sobre los sentidos y un enfoque razonado a creer que pueden decirnos algo de lo que necesitamos saber. El empirismo **apela** directamente a nuestro sentido innato de la razón, por extraño que parezca. Cuando veo algo frente a mí, automáticamente creo que está ahí, y creo que puedo usarlo y darle sentido. La vista, el tacto, el olfato, el oído y el gusto contribuyen a experimentar las cosas tal como son en el mundo. Pero la pregunta siempre es: «¿Puedo confiar en mis sentidos?». Elegid por vosotros mismos. En nuestra próxima clase, hablaremos del hombre que hizo precisamente eso: Immanuel Kant. Buenas tardes a todos.

Inés, Garcín y Estell van a la cafetería, donde Roberto se sorprende al ver el tatuaje de Garcín.

Roberto: ¿No crees que sería mejor terminar el curso antes de decidir cuál es tu filósofo favorito? Descartes tenía ideas importantes, pero aún te queda mucho por descubrir. Puede que tatuarte su frase en el brazo no sea una idea sensata…

Garcín: Bueno, nada de lo que he escuchado hoy ha cambiado mi opinión. Y no creo que haya nada que pueda hacerlo.

Estela: Pero siempre has dicho que prefieres los hechos. Hoy se trataba de empirismo. Si hay una idea filosófica perfecta para ti, sin duda es la que establece que las únicas cosas razonables que podemos creer son las que experimentamos con nuestros sentidos.

Inés: Para mí tiene sentido. Lo que observamos es lo que sabemos, y el resto no es más que especulación. ¿Cómo conoció Leibniz las mónadas? No podía verlas. Pero sé que el **vaso** con mi bebida está ahí. Puedo verlo, puedo tocarlo y puedo beber de él.

Garcín: Pero ¿y si tus sentidos te engañan? ¿No recuerdas el demonio de Descartes? Los sentidos pueden ser engañados. Piensa en las ilusiones ópticas. Lo que vemos no siempre es lo que hay. Por eso Descartes usó el racionalismo para llegar a sus conclusiones. No necesitaba mirar las cosas. Lo pensó detenidamente. Exploró el mundo de la mente desde su **sillón** junto al fuego. Esos son hechos reales. Sé que siempre me ha gustado la ciencia, pero nunca lo había pensado de esa manera. No podemos estar seguros de nada, excepto de las cosas de las que habla Descartes.

Estela: ¿Así que de lo único de lo que estás seguro es de un tatuaje? ¿Qué pasó con el Garcín al que solo le gustaban los hechos?

Garcín: Pero esos son hechos. Las cosas que Descartes comprendió son más ciertas que el vaso que tienes delante. Todo esto podría ser una gran ilusión.

Roberto: Pero **apuesto** a que seguirás saliendo del café por la puerta en lugar de intentar **atravesar** la pared.

Garcín: ¿Qué quieres decir con eso?

Roberto: Bueno, está muy bien ser un escéptico en un sillón, pero todos tenemos que vivir nuestras vidas de acuerdo con nuestros sentidos. No podemos **evitarlo**. Ese es el punto de partida de los empiristas. Creían que podíamos confiar en nuestros sentidos, al menos razonablemente bien. Y tenemos que hacerlo si queremos vivir. Piensa en Pirrón de Elis. ¿No lo estudiasteis en vuestra clase sobre filosofía romana? Pasó la mayor parte del tiempo siendo rescatado de situaciones peligrosas, porque se negaba a creer las cosas que le decían sus sentidos. Los empiristas simplemente adoptaron un enfoque más sensato de las cosas. Confiaban en que sus sentidos eran, en general, fiables. Todos podemos ser **cerebros** en una cubeta o ser engañados por un demonio malvado, pero las cosas que experimentamos tienen sentido en el mundo que habitamos.

Estela: Exactamente.

Garcín: Entonces, ¿tú eres empirista, Roberto?

Roberto: Creo que sí. ¡Desde luego no me tatuaría la famosa frase de Descartes en el brazo!

*Roberto vuelve a su trabajo detrás del **mostrador**.*

Inés: Nunca te tomas en serio nada de lo que dice Roberto. Sabe mucho más de filosofía de lo que crees.

Garcín: Bueno, no creo que tenga razón sobre el empirismo. Y por supuesto que no estoy de acuerdo con John Locke acerca de que no tengamos conocimiento innato. Eso no es lo que pensaba Descartes.

Inés: ¿Qué quieres decir?

Garcín: Bueno, ya oíste lo que dijo el profesor Aymard. El filósofo inglés John Locke creía que nacemos con una mente como una **pizarra** en blanco, a la que llamó *tabula rasa*. Todo lo que conocemos proviene de los sentidos. Cuando nacemos no sabemos nada. Sócrates pensaba lo contrario. En los diálogos socráticos, demostró que un **esclavo** que no sabía nada de matemáticas podía derivar los principios de la geometría simplemente a través del razonamiento.

Estela: ¿Y tú qué opinas?

Garcín: Creo que Locke se equivoca. Aprendemos muchas cosas a través de los sentidos, pero hay algunas cosas que sabemos de forma inherente. Como el hecho de que pensamos. Nadie me lo enseñó, y nada en el mundo me mostró que lo hacemos. Pero la razón me dice que soy un ser pensante. No puedo salir de mí y mirar dentro de mí para saberlo. Lo sé porque es lo que estoy haciendo ahora mismo.

Inés: ¿Y qué hay de David Hume? Era un filósofo de la Ilustración. Siguió un método científico, como su héroe, Isaac Newton. Pensaba que no había conocimiento de nada más allá de los sentidos. Tal vez no seas tan científico después de todo, Garcín.

Garcín: Me gusta el método científico. Me gusta observar las cosas y ver cómo funcionan, pero Descartes me hizo cambiar de opinión sobre lo que eso significa exactamente. Además, ¿no estaba Hume más interesado en la ética?

Inés: Se consideraba un filósofo moral, sí. No creía que un sentido del bien y el mal pudiera derivarse a través de la razón. Creía que creía que el bien y el mal estaban determinados por el mundo que nos rodeaba y nuestra observación de él. La forma en que los demás reaccionan ante nosotros determina cómo nos comportamos. Los buenos actos producen aprobación; los malos actos, desaprobación. En realidad es bastante simple.

Estela: Así que le interesaban las consecuencias de las acciones, más que las acciones mismas.

Inés: Es una forma de verlo. Pero no es tan simple. Estaba interesado en lo que motiva a las personas a realizar acciones morales. Le preocupaban el carácter, las virtudes y los vicios. Es un proceso. El proceso de acciones que conducen a consecuencias.

Garcín: No estoy seguro de que podamos separarlas del todo. ¿Por qué no podemos considerar las acciones *y* las consecuencias?

Estela: Tal vez deberías inventar tu propia teoría ética, Garcín.

Garcín: No sabría por dónde empezar. Hay tantas formas diferentes de ver el mundo... ¿Cómo sabemos cuál es el camino correcto?

Estela: Por eso la filosofía es tan importante. Nos ayuda a pensar en el mundo que nos rodea y a decidir por nosotros mismos qué está bien y qué está mal.

Inés: Bueno, de lo que estoy seguro es de que George Berkeley no me convenció.

Garcín: ¿El último de los tres empiristas que mencionó el profesor Aymard? Decía que «ser es ser percibido».

Inés: Exactamente. Las cosas solo existen porque las percibimos. Es... raro.

Estela: Entonces, este café y todo lo demás en el mundo solo existen porque lo estamos mirando.

Inés: No «nosotros», solo tú. Eres la única persona que puede estar segura de lo que está percibiendo. No puedes saber lo que está viendo el resto de nosotros.

Garcín: Pero eso no tiene sentido. ¿De verdad Berkeley dice que cuando no estoy mirando algo, deja de existir? Entonces, cuando salgo de mi **habitación** cada mañana, deja de existir. Eso es imposible.

Inés: Pero ¿cómo lo sabríamos? No me gusta, pero es difícil argumentar en contra.

Estela: Berkeley analizó esos problemas desde su propia teoría. Era **obispo,** y decía que cuando no observamos las cosas, no dejan de existir. Todo está siempre siendo percibido por Dios. Las ideas y las cosas en el mundo son todo lo que existe. Todo es solo una idea que percibimos y que está garantizada por Dios. Suena extraño, pero ¿cómo podríamos saber que no es así? No podemos percibir tu habitación en tu apartamento en este momento.

Garcín: Podríamos si tuviera una cámara instalada allí conectada a mi teléfono.

Inés: Pero entonces estarías viéndola. La idea de Berkeley era radical, y era una forma diferente de empirismo. Era un <u>idealista</u>. Creía que imaginamos las cosas en el mundo tal y como son. Hay un museo dedicado a su vida en Rhode Island. Allí vivió durante el tiempo que pasó en Estados Unidos.

Garcín: ¿Y cómo sabemos que realmente está allí? No podemos verlo.

Inés: Muy gracioso, Garcín…

Datos clave:

- En contraste con el racionalismo, el empirismo enseña que nuestro conocimiento del mundo viene a través de los sentidos. Los empiristas creen que podemos confiar en los sentidos: no hay demonios malvados que nos engañen, y podemos alcanzar un conocimiento verdadero y preciso del mundo a través de ellos. La división entre el racionalismo y el empirismo fue una fuente clave de desacuerdo en la filosofía durante muchos años, y todavía lo es. John Locke argumentó que nacemos como un **lienzo** en blanco, una tabula rasa, y adquirimos conocimiento a través de la experiencia. David Hume creía que no había conocimiento más allá de lo que nos dicen nuestros sentidos y George Berkeley defendía que solo lo que percibimos con nuestros sentidos es real y que solo lo que es percibido es real, ya sea por nosotros mismos o por Dios.

Vocabulario

apelar to appeal
(el) vaso glass
(el) sillón couch
apostar to bet
atravesar to cross
evitar to avoid
(el) cerebro brain
(el) mostrador counter
(la) pizarra board
(el) esclavo, (la) esclava slave
(la) habitación room
(el) obispo bishop
(el) lienzo canvas

CAPÍTULO ONCE: KANT: LA COSA EN SÍ MISMA Y EL IMPERATIVO CATEGÓRICO

Inés, Garcín y Estela pasean juntos por París después de su clase. El profesor Aymard les había advertido que estudiar a Immanuel Kant sería difícil. Todos se sienten confundidos y tratan de entender lo que han aprendido. Mientras caminan, se topan con el profesor Aymard y le piden que les explique de nuevo algunas cosas.

Garcín: ¿Sabíais que Kant nunca abandonó Konigsberg? Nació allí y murió 79 años después, sin haber salido nunca de los límites de la ciudad.

Estela: ¿Nunca fue a ningún lado?

Garcín: No. Los residentes de la ciudad, que ahora es Kaliningrado, lo usaban para poner sus **relojes** en hora cuando lo veían pasar. Vivía con una rutina estricta. Suena muy aburrido.

Inés: Y, sin embargo, se convirtió en uno de los filósofos más famosos de la historia, y sus ideas siguen siendo importantes hoy en día.

Retrato de Kant por artista desconocido alrededor de 1790

Estela: Fue difícil entender lo que nos explicó el profesor Aymard. La ética fue más fácil de entender. Me gusta la idea de que lo importante es lo que motiva una acción y no la consecuencia.

Inés: A mí también. Aunque creo que ambas son importantes.

Garcín: Ojalá los filósofos dejaran de ser tan absolutos sobre las cosas. El mundo no siempre funciona con reglas. Al menos, no en lo que respecta a la moralidad. ¿Por qué no hay una teoría ética que se fije en las acciones *y* las consecuencias?

Estela: Definitivamente has cambiado de opinión, Garcín. Pero la teoría moral de Kant era un poco más complicada. Estaba fascinado por la ley moral. ¿Recordáis a santo Tomás de Aquino? Al igual que él, Kant creía que todos nos guiamos por una ley moral que proviene de nuestro interior. Es como la ley natural. Se centra en las acciones porque una acción correcta seguramente resultará en algo bueno. Las consecuencias pueden ser impredecibles, por lo que es mejor que nos centremos en las acciones en sí mismas.

Garcín: Eso es lo que él llamó «<u>el imperativo categórico</u>», ¿no?

Estela: Así es. El imperativo categórico era la forma con la que Kant argumentaba a favor de los requisitos morales absolutos. Una formulación del imperativo categórico podría ser: «Cumple con tu deber». Sin ninguna condición, es universal. No importa cuál sea la situación. Siempre debemos cumplir con nuestro deber.

Garcín: Pero ¿cómo podemos saber cuál es nuestro deber? ¡No **siempre** está claro! Por ejemplo, puedo pensar que decir la verdad siempre es mi deber. ¡Pero no siempre es correcto decir la verdad! Creo que siempre hay una excepción cuando alguien dice que algo está bien o mal de forma absoluta.

Estela: Y ese es un problema para cualquier sistema ético con requisitos absolutos. En algunos casos, decir la verdad puede ser peligroso o puede **herir** a alguien. Pero Kant estaba interesado en la *forma* del imperativo categórico, no en su contenido. Y si el imperativo categórico debe ser absolutamente válido y universal, entonces «cumple con tu **deber**» es la mejor opción en la que podemos pensar. Tal vez «decir siempre la verdad» no sea nuestro deber en todos los escenarios posibles. Pero pensad en los diez mandamientos de la Biblia, los que Dios le dio a Moisés en el monte Sinaí. «No matarás». ¿No es un buen imperativo moral absoluto?

Garcín: Sin duda lo es. No quisiera pensar en una situación en la que esté bien matar a alguien.

Estela: Exactamente. Algunos mandamientos morales son universales. Sin embargo, Kant no pensaba que los diez mandamientos de la Biblia fueran imperativos categóricos; el imperativo categórico es un concepto más general. Kant pensaba que la moralidad solo podía ser formal: es la única forma en la que todos pueden actuar de acuerdo con la misma moralidad. Y la forma del imperativo categórico es muy simple: como he dicho, algo parecido a «¡cumple con tu deber!». Entonces, deberíamos preguntarnos: ¿Es «no matarás» lo suficientemente general como para **ajustarse** a la forma del imperativo categórico? ¡Sí, sin ninguna duda! Al **obedecer** ese mandamiento, estamos siguiendo el imperativo categórico.

Inés: Yo también estoy de acuerdo. Creo que hemos encontrado un buen ejemplo de moral absoluta. Aunque encontrar otros puede ser más difícil. Pero todavía no sé si prefiero las teorías éticas que dan prioridad a las consecuencias sobre las acciones, o al revés. ¿No se metió Kant en situaciones morales difíciles con su teoría?

Estela: Así es. Llegó a la conclusión de que **mentir** a un asesino que buscaba al amigo de alguien estaría mal, incluso si la mentira salvaba la vida del amigo.

Garcín: Pero eso es una **locura**. No veo por qué una teoría ética no puede considerar las acciones y las consecuencias. Siempre diría una mentira si salvara la vida de alguien.

Estela: No si solo piensas en las acciones en lugar de las consecuencias.

Garcín: Sigo pensando que podemos tener ambas. Además, ¿qué ocurre cuando dos absolutos morales en conflicto **chocan**? «No mientas» frente a «no matarás». El asesino tendría que cumplir con el segundo, pero el amigo de la persona perseguida tendría que cumplir con el primero.

Estela: ¡Ajá! Pero Kant pensó en casos como el que acabas de mencionar. Él pensaba que no existen los conflictos de deberes. Recuerda: según Kant, el imperativo categórico es «cumple con tu deber». Cuando pensamos que dos deberes están en conflicto, es solo porque aún no hemos identificado qué modo de obrar es nuestro deber. En el mundo real, puede ser difícil identificar correctamente nuestro deber. Pero Kant pensaba que nuestra conciencia interior siempre nos dice cuál es nuestro deber.

Inés: ¿No es demasiado optimista pensar que siempre sabemos cuál es nuestro deber?

Estela: Puede sonar optimista, pero debes reconocer que Kant hizo todo lo posible por ser coherente con su propio sistema.

*Cuando Inés, Garcín y Estela **doblan** una **esquina**, se encuentran con el profesor Aymard. Lleva prisa y casi choca con ellos.*

Inés: ¡Profesor Aymard! ¿Llega tarde a algún sitio?

Profesor Aymard: No, siempre camino rápido. Caminar me ayuda a pensar. O al menos eso es lo que decía Nietzsche.

Estela: Estábamos hablando de Kant. Entendemos su ética, pero en cuanto al resto...

Profesor Aymard: Ah, bueno... explicar a Kant en una sola clase es casi imposible. No sé por qué lo **intenté**. Podría explicároslo de nuevo, si queréis.

Inés: Creo que eso ayudaría. ¿Nos sentamos?

*Inés, Garcín y Estela se sientan en un banco cercano. El profesor Aymard se toca la **barbilla** y se aclara la garganta antes de comenzar.*

Profesor Aymard: Pensad en nuestras clases sobre Descartes, Spinoza y Leibniz. Llamamos a estos hombres racionalistas, aunque tenían ideas muy diferentes. El racionalismo es la idea de que nuestro conocimiento del mundo **proviene** de la deducción lógica. «Pienso, luego existo» o el niño esclavo en el diálogo de Platón que le dice a Sócrates una verdad sobre las matemáticas, por ejemplo.[1] Lo mencioné en una de nuestras clases anteriores. Pero en nuestra última clase, nos encontramos con el empirismo. El empirismo es la idea de que todo nuestro conocimiento proviene de la experiencia. Miramos el mundo que nos rodea y aprendemos algo sobre él.

---

[1] En el diálogo *Menón*, de Platón, Sócrates le pide a un esclavo que **averigüe** cómo duplicar el área de un cuadrado. A través de una serie de preguntas, el niño es capaz de mostrar la respuesta, a pesar de que no tiene educación matemática formal. Sócrates usa esto como prueba de que ciertos conceptos, como los de las matemáticas, pueden derivarse solo de la razón.

Inés: Garcín prefiere el racionalismo, pero a mí me gusta el empirismo. Para mí tiene sentido que lo que veo, toco y siento me diga algo sobre el mundo.

Garcín: Pero no puedes estar segura de que esas cosas sean reales. Todos podemos ser engañados por nuestros sentidos. ¿Cómo sabes realmente que puedes confiar en ellos?

Inés: Tu tatuaje parece bastante real...

Garcín: ¡Se sintió real cuando me lo estaban haciendo!

Profesor Aymard: Kant creía que tanto el racionalismo como el empirismo tenían algo importante que enseñarnos. Argumentó que nuestro conocimiento del mundo que nos rodea proviene de una síntesis de la experiencia y la razón.

Estela: ¿Una síntesis?

Profesor Aymard: Sí, piensa en este ejemplo. Imagina encontrarte con un alienígena. En ese caso, estás *viendo* al alienígena, y tal vez incluso estás *oyendo* las palabras que pronuncia. Pero no tenemos el concepto de un extraterrestre. En otras palabras, no sabemos qué es un extraterrestre. De lo contrario, no sería... ¡bueno, un alienígena! Por lo tanto, tu experiencia te está dando información, pero tu razón no puede entender lo que tus ojos están viendo o tus oídos están escuchando. No se puede tener conocimiento del mundo sin experiencia y razón. **Ambas** son necesarias. Este es un ejemplo general, pero funciona. En palabras de Kant, «los pensamientos sin contenido están vacíos, las intuiciones [experiencia] sin conceptos son **ciegas**». Esto significa que los pensamientos sin experiencia son solo fantasías, y la experiencia sin razón es imposible de entender.

Estela: Entonces, ¿combinó las dos? Era un racionalista y un empirista.

Profesor Aymard: Precisamente. Sin nuestros sentidos, no podemos ser conscientes del mundo que nos rodea. No podemos ver, ni oír, ni saborear. Pero sin nuestra razón, no podemos dar sentido a las cosas que vemos, oímos o saboreamos. El conocimiento es algo que obtenemos a través de los sentidos y nuestra razón.

Estela: Entonces, ¿no se trata de conocer el mundo que nos rodea y darle sentido?

Profesor Aymard: Ah, bueno... no es tan sencillo. Kant creía que había categorías, como el espacio y el tiempo, que nos ayudan a dar sentido al mundo. Dividió el mundo en <u>fenómeno</u> (las cosas que vemos, el mundo tal como lo vemos) y <u>noúmeno</u> (la forma real en que son las cosas).

Inés: Sospechosamente, esto suena a Platón. Él pensó que lo que percibimos no es la cosa real en sí, sino solo una sombra de ella.

Profesor Aymard: Esa es una forma de pensarlo. Kant creía que la naturaleza de las cosas, lo que él llamaba la <u>cosa-en-sí</u>, no era algo que pudiéramos conocer de verdad. Tomemos ese árbol, por ejemplo. Usamos nuestros sentidos para verlo, tocarlo, incluso saborearlo, y usamos nuestra razón para entenderlo y determinar qué significa para nosotros. Pero en cuanto a saber cómo es el árbol en sí... no podemos saberlo. Cualquier intento de ir más allá del mundo de las cosas que vemos **carece** de sentido.

Estela: Entonces, ¿cómo Kant le dio sentido a Dios, a la belleza o a la bondad?

Profesor Aymard: Es una buena pregunta. Kant creía en Dios, pero no creía que pudiéramos tener ningún conocimiento significativo sobre Dios, porque cualquier afirmación como esa iría más allá de los límites de los sentidos y de lo que nuestra razón podría decirnos razonablemente.

Inés: Entonces, la filosofía se limita a lo que podemos ver y a lo que nuestra razón puede decirnos de manera significativa sobre lo que vemos.

Profesor Aymard: El problema es que las teorías de Kant no **impedían** que la gente pensara que podía hablar de esas cosas. Y aunque es posible que no sepamos cómo es realmente un árbol, sí sabemos algo sobre nosotros mismos. Cada uno de nosotros es una cosa en sí misma. Descartes lo demostró.

Inés: Gracias por explicarnos de nuevo a Kant, profesor Aymard. Hay mucho en qué pensar.

Profesor Aymard: Os complacerá saber que mucha gente no estaba de acuerdo con Kant. Conoceréis a uno de sus mayores críticos en la próxima clase.

Garcín: ¿Se refiere a Nietzsche? ¡Estoy deseando estudiarlo!

Inés: ¿Por qué? He oído que es horrible.

Profesor Amyard: No te dejes engañar por lo que has leído sobre Nietzsche, Inés. No es tan malo como crees. Bueno, será mejor que me vaya. Me dirijo al Café de Flore para tomar una gran porción de su excelente tarta de chocolate, y me **ruge** el estómago.

Estela: Adiós, profesor Aymard, y gracias de nuevo.

> *Datos clave:*
>
> - *Immanuel Kant es, posiblemente, una de las figuras más importantes de la filosofía occidental. Su obra reúne en una síntesis el racionalismo y el empirismo. Adquirimos conocimiento del mundo a través de nuestros sentidos y por la aplicación de la razón. Pero la esencia real de las cosas es **incognoscible**: la cosa en sí misma. La teoría ética de Kant se concentró en las acciones más que en las consecuencias. Antes de actuar, siempre debemos preguntarnos: «¿Es esta acción mi deber?». Si es así, entonces es lo correcto. Esto puede sonar estricto, pero el razonamiento de Kant era sólido desde el punto de vista lógico, incluso si algunas de las consecuencias parecen desagradables.*

Vocabulario

(el) reloj watch
ojalá I wish
siempre always
herir to hurt
(el) deber duty, responsability
ajustarse a conform to
obedecer to obey
mentir to lie
(la) locura madness
chocar to crash
doblar to turn
(la) esquina corner
intentar to try
(la) barbilla chin
provenir to come from
averiguar to figure out
ambos, ambas both
(el) ciego, (la) ciega blind
carecer to lack
impedir to prevent
rugir to roear
incognoscible unknowable

CAPÍTULO DOCE: SCHOPENHAUER Y NIETZSCHE

Inés, Garcín y Estela van al Café de Flore después de asistir a la clase del profesor Aymard sobre Schopenhauer y Nietzsche. Todos se sienten muy tristes, y Roberto les trae unas bebidas.

Profesor Aymard: Schopenhauer y Nietzsche son dos gigantes de la filosofía del siglo XIX. Nietzsche fue profundamente influido por Schopenhauer, quien, a su vez, estaba muy influido por Kant. Pero Nietzsche rechazó la filosofía de Schopenhauer. Afirmó que era sofocante y que no llegaba lo suficientemente lejos, más allá del **sufrimiento,** como para tener sentido. Nietzsche no negaba que la vida tuviera sufrimiento, y mucho, pero creía que ese sufrimiento podía superarse. Nos pide que pensemos en un momento en el tiempo, un momento enormemente feliz, uno que defina nuestras vidas, y nos dice que el sufrimiento que experimentamos **vale la pena** solo por ese momento. Podemos dar sentido al sufrimiento, porque está mezclado con **alegría,** y esa alegría es auténtica y real. Para Schopenhauer, el sufrimiento por sí solo es un punto final, pero para Nietzsche, podemos dar sentido a la vida a través de momentos de alegría.

Garcín: Nietzsche tiene mala reputación, profesor Aymard. ¿No hay personas que lo descartan por completo a él y a sus ideas?

Profesor Aymard: Así es, pero Nietzsche tenía muchas ideas importantes. Deberíamos tomarlo en serio, aunque encontremos su carácter un poco extraño. Propuso la idea de que, en el momento de la muerte, una persona repite toda su vida de nuevo, exactamente de la misma manera y durante toda la eternidad. Pensad en ello por un momento. Su objetivo no era crear una forma alternativa de ver el más allá, sino hacernos apreciar los momentos de alegría que componen el todo.

Garcín: ¿Para hacernos sentir mejor con nuestras vidas?

Profesor Aymard: Esa es una forma de verlo, sí. Argumentó que, para entender la alegría, también necesitamos sufrimiento. Imagina lo más feliz que hayas vivido, pero **date cuenta** de que para llegar a ese momento tuviste que pasar por muchos otros, algunos buenos y otros malos. ¿Podrías aceptarlo? Ese es el desafío de Nietzsche. Escribió un precioso libro llamado *Así habló Zaratustra,* en el que utilizó a un personaje, el profeta Zaratustra, para comunicar sus ideas. Afirmó que Dios ha muerto, y pasó el resto de su vida tratando de explicar a través de su filosofía cómo la vida podría tener significado, incluso si nos enfrentamos a la realidad de esa afirmación. Además, la muerte de Dios representaba la muerte de la filosofía occidental. Nietzsche creía que la moralidad tal como la conocemos era falsa, y se basaba únicamente en una inversión de la ética griega por parte de sus **herederos** cristianos.

Estela: ¿Y encontró ese sentido que buscaba?

Profesor Aymard: Sin duda lo intentó. Sin Dios, todo lo que se daba por sentado llegaba a su fin: la moralidad, la verdad absoluta, la composición del universo. Todo estaba abierto a la duda. Nietzsche quería dar sentido a la existencia sin la necesidad de algo externo a nosotros mismos. Estudiaremos el <u>existencialismo</u> pronto y veréis que Nietzsche fue uno de los primeros en **abrazar** la forma existencialista de pensar, que dice que la existencia precede a la esencia. La próxima vez veremos a algunos filósofos muy diferentes, ¡y descubriremos cómo se introdujo la filosofía en el siglo XX!

Inés, Garcín y Estela salen de clase y llegan al Café de Flore, donde se encuentran con Roberto, que está ocupado trabajando detrás del mostrador.

Garcín: Bueno, ha sido bastante deprimente. No tengo muchas ganas de comer tarta después de que me digan que la vida es solo sufrimiento.

Roberto: ¿Hoy tocó Schopenhauer?

Garcín: ¿Cómo lo supiste?

Roberto: Bueno, es conocido como el filósofo del pesimismo, ¿verdad? Decía que la vida era solo sufrimiento, y no había nada más.

Estela: No solo dijo que la vida era sufrimiento. Escribió una obra importante, *El mundo como voluntad y representación*. Allí, defendió que el mundo es nuestra propia representación. Le damos sentido a través del intelecto, utilizando conceptos como el espacio y el tiempo. Pero esto solo nos muestra la *apariencia* del mundo, en lugar de explicar la cosa real que estamos observando. No revela el aspecto clave.

Inés: Y eso es lo que Kant llamaba la cosa en sí misma, ¿verdad? Kant decía que no podíamos saber nada con certeza sobre cómo es una cosa en sí misma. Podemos observar un árbol, pero no podemos saber lo que es ser un árbol o ver el árbol puramente como un árbol.

Estela: Y Schopenhauer pensaba lo mismo. Pero para Schopenhauer podríamos conocernos a nosotros mismos, es decir, conocernos a nosotros mismos como una cosa en sí misma. A eso lo llamó la voluntad. La voluntad es la cosa en sí misma. Esa es su gran contribución a la filosofía. No entendemos lo que es ser un árbol, pero sí sabemos lo que es ser nosotros mismos, y a eso lo llamó la voluntad.

Inés: Entonces, ¿qué es la voluntad?

Estela: Mientras Kant decía que la cosa en sí misma era incognoscible, Schopenhauer afirmaba que podíamos entenderla mirando en nuestro interior. Sabemos sobre nosotros mismos, y conocemos algo sobre cómo funcionamos.

Inés: ¿Y el árbol?

Estela: Schopenhauer defendería que el árbol también tiene voluntad. La voluntad era su respuesta a todo, pero la voluntad al final es inútil. Solo conduce a la muerte. La voluntad es un impulso a hacer algo, a ir más allá de lo que estamos experimentando en el momento. Queremos escalar una montaña o comer una manzana. Todo lo que hacemos es una voluntad de algo. El árbol quiere crecer, aunque también tenga limitaciones.

Roberto: Ponía como ejemplo soplar **pompas de jabón** para que fueran lo más grandes posible. Lo hacemos, aunque sabemos que acabarán por estallar. Lo mismo ocurre con la vida. La vivimos y la hacemos nuestra, pero sabemos que se acaba. Parece que no tiene sentido, aunque no podemos evitar hacerlo.

Estela: ¡Es realmente deprimente!

Garcín: Nietzsche no era mucho mejor. He estado leyendo mucho sobre él. Cuestionó todo, incluso el cristianismo y la base de la moralidad. Argumentó que la forma en que vemos el mundo está equivocada. También decía que todo aquello en lo que se basan nuestros valores debe ser revaluado. Distinguía entre dos fuerzas, la dionisíaca y la apolínea, llamadas así por los dioses griegos Dioniso y Apolo. El primero es un símbolo de exceso y frenesí, el segundo es un símbolo de razón. Para Nietzsche, la cultura cristiana y su moralidad negaban la vida. No había elementos dionisíacos. Lo que se necesitaba era un retorno al equilibrio del pasado y al mundo de los griegos.

Estela: Entonces, ¿**rechazó** por completo el cristianismo?

Garcín: Así es, y la cultura que había creado. Argumentó que todo lo que estaba mal en la sociedad provenía de su herencia cristiana. También dijo que no había significado en la vida, excepto el significado que creamos para nosotros mismos al crear nuestros propios **valores**.

Inés: ¿No creía en *Superman*?

Garcín: *El superhombre*. Es una traducción desafortunada. La palabra alemana es *ubermensch*. Realmente significa «sobre el hombre» o «sobre la persona». No es como el personaje de Superman; se trata más bien de ser el tipo de persona que es capaz de ver los problemas que Nietzsche identifica y superarlos. Nietzsche quería que la gente creara sus propios valores.

Inés: Entonces, ¿cada uno de nosotros tiene que decidir cómo vivir? ¿Eso no es peligroso?

Garcín: No creo que Nietzsche estuviera demasiado preocupado por los peligros. Solo cierto tipo de persona podría crear esos valores por sí misma: el *ubermensch*.

Roberto: No hay duda de que Nietzsche tiene una mala reputación entre los filósofos. Pero en vida, fue casi ignorado. Al final se **volvió loco**. En Turín, vio a un caballo siendo azotado por su **dueño** y corrió a abrazarlo. Ese fue el comienzo de su locura, que duró diez años, hasta su muerte.

Garcín: Fue su hermana Elisabeth quien lo cuidó. Pero también usó sus escritos para sus propios propósitos y distorsionó el mensaje de Nietzsche. Solo a partir de la década de 1960 los académicos comenzaron a tomar en serio a Nietzsche. Se publicaron nuevas traducciones de sus obras, y ha influido en todo, desde la crítica literaria hasta la arquitectura, por no hablar de la filosofía.

Estela: También dijo «Dios está muerto». ¿No es su cita más conocida?

Garcín: Sí, pero Nietzsche no es el típico ateo. No puedes matar a algo que no está vivo. No es que Nietzsche necesariamente no creyera en Dios, creció como hijo y nieto de pastores luteranos, pero creía que había superado la necesidad de Dios. Su filosofía era un intento de dar sentido a lo que sucede si nos tomamos en serio una afirmación como esa. El novelista ruso Dostoievski escribió una vez: «Sin Dios, todo está permitido». Nietzsche estaba interesado en cómo esas palabras se habían hecho realidad y qué significaban. La mayoría de la gente, argumentó, no podría llevar a cabo su filosofía. No serían capaces de crear sus propios valores.

Inés: ¿Entonces era un elitista? Su filosofía era solo para cierto tipo de personas.

Estela: ¿A qué te refieres con elitista?

Inés: Alguien que no cree en la igualdad. El filósofo político Karl Marx argumentó que el mundo está controlado por élites, a las que llamó burguesía. Son personas que controlan los medios con los que viven los demás. Las élites son personas en posiciones de poder sobre los demás. Ese poder puede ser económico, político o intelectual.

Garcín: No creo que Nietzsche sea el único filósofo que puede ser acusado de elitismo. En el pasado, la mayoría de las personas estaban demasiado ocupadas sobreviviendo como para preocuparse por la filosofía. ¡La filosofía tiende a ser el dominio exclusivo de las élites de la sociedad que tienen tiempo para filosofar! Somos afortunados de tener la oportunidad de hacerlo. En el pasado, si no tenías mucho dinero, no tenías tiempo para sentarte a pensar.

Inés: ¿Estaría de acuerdo Nietzsche? ¡Me sorprende que pienses que tienes suerte de estudiar filosofía, Garcín!

Garcín: Era crítico con la mayor parte de la filosofía que le precedió, aunque comenzó su carrera académica estudiando a los clásicos y la antigua Grecia. Los filósofos presocráticos que estudiamos al principio del curso fueron su inspiración. También amaba la música de Wagner, aunque discutieron cuando Nietzsche lo acusó de ser demasiado cristiano.

Estela: ¿Demasiado cristiano? Creía que Wagner estaba interesado en los mitos y leyendas alemanas. Nietzsche parece alguien con quien no era fácil **llevarse bien**.

Garcín: Supongo que tienes razón, pero podríamos decir lo mismo de Wagner. A pesar de todo, Nietzsche tuvo varias amistades profundas y duraderas, y le encantaba tocar el piano. No era del todo malo.

Inés: ¿Tienes un nuevo filósofo favorito, Garcín? ¿Más tatuajes?

Garcín: Creo que esta vez no…

Datos clave:

- *Schopenhauer y Nietzsche son gigantes de la filosofía del siglo XIX. Schopenhauer se veía a sí mismo como un seguidor directo de Kant. Sin embargo, a diferencia de Kant, creía que era posible tener conocimiento de la cosa en sí misma. A esto lo llamó la voluntad. Nietzsche fue profundamente influido por Schopenhauer, pero rechazó gran parte de lo que enseñaba, argumentando que la filosofía occidental se basaba, en gran medida, en una aceptación del cristianismo que había contaminado todos los aspectos de la vida cultural. Creía que la filosofía necesitaba ser revaluada y que los individuos podían crear sus propios sistemas de valores y elevarse por encima de lo que les precedía.*

Vocabulario

(el) sufrimiento suffering
valer la pena to be worthwhile
(la) alegría joy
darse cuenta to realize
(el) heredero, (la) heredera heir, heiress
abrazar to hug
(la) pompa de jabón soap bubble
rechazar to reject
(los) valores values
volverse loco to go crazy
(el) dueño, (la) dueña owner
llevarse bien/mal to get along/to get along badly

CAPÍTULO TRECE: EL SIGLO XX: RUSSELL, MOORE Y WITTGENSTEIN, LOS TRES SABIOS DE CAMBRIDGE

El profesor Aymard explica cómo se desarrolló la filosofía en el siglo XX. Inés, Garcín y Estela, luego de la clase, se sientan en el césped frente a la facultad de filosofía. Es un edificio antiguo con un bonito jardín donde los estudiantes a menudo se reúnen cuando brilla el sol.

Profesor Aymard: Si el centro de la filosofía en el mundo antiguo era Atenas, Cambridge fue su corazón a principios del siglo XX. Aunque aquí en París podríamos discutirlo. En la historia de la filosofía, en el siglo XX hubo una división y surgieron dos ramas de la filosofía: la analítica y la continental. A mí no me importa esta distinción, y hoy en día no se tiene tan en cuenta, pero en esta etapa de nuestro viaje a través de la historia de la filosofía, podemos ver esa división muy claramente. En nuestra próxima clase veremos la filosofía continental, y por fin llegaremos a París con Sartre en el Café de Flore. Pero por ahora, quiero que os imaginéis en la Universidad de Cambridge, en Inglaterra…

La clase continúa y el profesor Aymard habla de Russell, Moore y Wittgenstein. Luego, hace un resumen y responde preguntas.

Estela: Profesor Aymard, ¿cuál es la diferencia entre la filosofía analítica y la continental?

Profesor Aymard: Esa es una buena pregunta, pero la responderé en detalle en la próxima clase. Por ahora, todo lo que necesitáis saber es que la filosofía analítica se ocupa, en términos generales, del argumento lógico y la estructura del lenguaje. Todos los filósofos de Cambridge de los que hemos hablado hoy son filósofos analíticos. La filosofía continental, como veréis, tiene un estilo muy diferente.

Garcín: Entonces, ¿son diferentes formas de hacer filosofía?

Profesor Aymard: Absolutamente. La obra más importante de Ludwig Wittgenstein, *Tractatus Logico-Philosophicus*, está totalmente escrita en un estilo notablemente conciso y lógico. Si la comparas con la novela de Jean-Paul Sartre *La náusea*, verás que estaban haciendo cosas completamente diferentes. Pero ambos son ejemplos de filosofía.

Garcín: Y la filosofía no tiene por qué estar escrita, ¿verdad? Estamos haciendo filosofía en este momento, solo con el pensamiento y la palabra.

Profesor Aymard: Exactamente. Y ahí tenéis a los tres de Cambridge. Representan la tradición analítica de la filosofía. Su trabajo, particularmente el de Wittgenstein, sigue siendo muy estudiado hoy en día.

Cuando el profesor Aymard termina con su clase, Inés, Garcín y Estela salen al jardín.

Estela: Bertrand Russell tenía una gran definición para la filosofía. La llamó la «tierra de nadie entre la ciencia y la teología».

Garcín: Eso es muy acertado. Los griegos trataban la filosofía como una ciencia, pero la teología también la utilizó durante el período medieval. Tras la Ilustración, la filosofía se convirtió en una **mezcla** incómoda de ambas. Creo que sigue siendo una buena definición hoy en día. Russell no solo estaba interesado en las preguntas relacionadas con las matemáticas, sino que escribió libros sobre todo tipo de aspectos de la filosofía. Se opuso a las **armas** nucleares y también escribió una importante historia de la filosofía occidental.

Inés: ¡Es justo el libro que necesitamos! Wittgenstein afirmó que resolvió todos los problemas de la filosofía. No tenía por qué seguir existiendo una vez que él terminara.[2]

Garcín: ¡Por fin alguien que realmente tiene todas las respuestas! Pero ¿por qué decía eso? Si he aprendido algo sobre la filosofía, es que hacer afirmaciones absolutistas como esa es peligroso. Siempre hay alguien que puede argumentar en tu contra.

Inés: Bueno, cambió discretamente de opinión... En su *Tractatus logico-philosophicus* argumentó que todo lo que se podía pensar se podía decir. Pero no tiene sentido hablar de cosas en las que no podemos pensar,

---

[2] Este punto se explica con más detalle en el prefacio de *Tractatus logico-philosophicus,* donde Wittgenstein escribe: «La verdad de los pensamientos aquí comunicados me parece inexpugnable y definitiva. Por consiguiente, considero que he encontrado, en todos los puntos esenciales, la solución final a estos problemas. Y si no estoy equivocado, entonces el segundo mérito de este trabajo es que muestra cuán poco se consigue una vez que estos problemas han quedado resueltos».

como Dios, la belleza o la bondad. Dijo: «De lo que no podemos hablar, es mejor callar».

Estela: ¡Qué dramático suena eso!

Inés: Algunos leen esas palabras como un punto final de la filosofía, otros como una triste constatación de que hablar de las cosas que realmente importan ha llegado a su fin. No estoy segura de que Wittgenstein estuviera satisfecho con sus conclusiones, y ¿por qué iba a estarlo? ¿No es bueno hablar de la belleza, la verdad y de Dios? Supongo que por eso regresó a Cambridge unos años más tarde para comenzar su trabajo de nuevo. Se dio cuenta de que había sido demasiado dogmático en *Tractatus logico-philosophicus*. Escribió un libro que hoy en día se publica como *Investigaciones filosóficas*, aunque el propio Wittgenstein no llegó a publicarlo, ni ninguna otra obra. Allí escribe de manera muy diferente. Quería crear un lenguaje perfecto, que lo dijera todo con absoluta precisión.

Garcín: ¿Pero no lo logró?

Inés: Se dio cuenta de que el lenguaje era más como un juego, como el ajedrez o el fútbol. Hay ciertas reglas para jugar que aprendemos de niños, o a medida que nos desarrollamos. Todos conocemos las reglas y las cumplimos; de lo contrario, el lenguaje no funcionaría. Imagínate que yo creo que un tomate es en realidad un árbol y que cada vez que digo la palabra «tomate», me estoy refiriendo a árboles. Tú y yo nunca podríamos tener una conversación sobre tomates o sobre árboles. Ambos entendemos implícitamente lo que la otra persona está diciendo, no solo las palabras, sino los significados subyacentes de las palabras; no podríamos aprender otros idiomas si no lo hiciéramos.

Estela: Hoy sí que has prestado atención, Inés. ¿Por qué te gusta tanto Wittgenstein?

Inés: Es un personaje interesante. Su familia era una de las familias industriales más ricas de Viena, pero Wittgenstein regaló la mayor parte de su herencia. Uno de sus hermanos era un famoso pianista, pero solo tenía un brazo y escribió varios conciertos de piano para una mano. Su hermana fue pintada por Gustav Klimt. El propio Wittgenstein consideró convertirse en monje, y durante un tiempo trabajó como **jardinero** en un monasterio y como **maestro de escuela.** Llegó a la filosofía como resultado de estudiar matemáticas.

Estela: ¿Matemáticas? ¿Qué tiene que ver eso con la filosofía?

Inés: Mucho, según parece. Estaba estudiando aeronáutica en la Universidad de Manchester y quería diseñar su propia máquina voladora, pero acabó más interesado en las matemáticas. Quería saber sobre los números. ¿De dónde viene el concepto de número? ¿Los números son como las formas platónicas? ¿Cuál es la base de las matemáticas? Todas estas eran preguntas filosóficas que Wittgenstein intentó responder.

Garcín: ¿No le gustaban también las películas del oeste?

Inés: Sí, solía ir al cine y verlas. ¡Eran su forma de relajarse!

Garcín: Me pregunto por qué había tantos filósofos famosos en Cambridge.

Estela: Es una de las grandes universidades del mundo, y la filosofía se ha estudiado allí durante cientos de años.

Wittgenstein es, quizás, el filósofo más famoso que ha trabajado allí. Su legado perdura, y su trabajo sigue siendo relevante para los filósofos de la actualidad.

Garcín: ¿Y llegó a pensar que realmente había resuelto todos los problemas de la filosofía?

Estela: Sus últimas obras fueron publicadas en un libro llamado *Sobre la certeza*. En él, desafía el artículo de G. E. Moore titulado «Una prueba del mundo exterior». Moore intentó demostrar que hay un mundo externo a nuestros sentidos. Fue una respuesta a la posición de escepticismo que, en su extremo, niega que podamos tener conocimiento de nada. Moore levantó su mano y afirmó: «Aquí hay una mano». Parecía obvio que tenía que ser verdad, pero Wittgenstein desafió la suposición de que realmente podía saberlo. Wittgenstein argumenta que las ideas que consideramos ciertas existen dentro de un marco de ideas razonablemente ciertas. Siempre he experimentado que tengo una mano, la mano siempre ha estado ahí, y así sucesivamente. Es razonable aceptar que tengo una mano, incluso si, por sí mismo, el asunto es tan cierto como a Moore le gustaría.

Garcín: ¡Las dos prestasteis atención!

Inés: La primera parte del siglo XX fue un importante punto de inflexión en la filosofía. Russell, Moore y Wittgenstein estuvieron a la vanguardia del análisis lógico. Querían aclarar los problemas filosóficos y fundamentarlos en la lógica, no en afirmaciones metafísicas.

Garcín: Entonces, ¿fue un punto de inflexión?

Inés: En cierto modo, sí. Sin duda supuso un desarrollo.

Un grupo de pensadores conocido como el círculo de Viena dijo que los problemas filosóficos solo eran relevantes si podían resolverse mediante un análisis lógico. Esto se llamaba positivismo lógico. Russell y Wittgenstein eran atomistas lógicos.

Garcín: ¿Qué significa eso?

Inés: Significa que fueron un paso **más allá** y analizaron las partes que componían las oraciones para ver si tenían sentido.

Garcín: ¿Puedes darme un ejemplo?

Estela: Claro. Uno gracioso. Respóndeme a esta pregunta: ¿el actual rey de Francia es calvo?

Garcín: No hay ningún rey de Francia. Tuvimos una revolución. ¿Te perdiste esa parte en la escuela?

Estela: Sé que no lo hay. Pero esa es la cuestión. «El actual rey de Francia es calvo» suena como una frase con significado. Cada una de las partes individuales tiene sentido. Sabemos lo que significa ser rey, sabemos que Francia es un país y sabemos cómo es un hombre calvo. Pero si juntas todas esas cosas, la oración no tiene sentido. No corresponde a algo en el mundo. El atomismo lógico examina la composición de las partes individuales de una oración para determinar si son verdaderas o no. No hay un rey en Francia, por lo que no puede ser calvo. Es una estupidez, aunque parezca que tiene sentido. Pero además, no existe un rey de Francia con cabello. No es cierto de ninguna manera.

Garcín: ¿Entonces es una paradoja? ¿No se puede resolver?

Estela: Se llama «paradoja de Russell». Por Bertrand Russell. Trató de resolverla diciendo que la proposición carece de una referencia adecuada en el mundo. En otras palabras: no existen reyes de Francia, así que no importa cómo hablemos de ellos. No nos referimos a algo específico.

Garcín: ¿Y la filosofía es así? Las declaraciones en filosofía no tienen sentido porque también son así.

Inés: Exactamente. Decir «esto es hermoso» puede parecer que tiene significado, pero ¿realmente se corresponde con algo en el mundo? Estos fueron algunos de los problemas a los que se enfrentaron Russell, Moore y Wittgenstein. ¿Cómo se corresponde la forma en que funciona el mundo con la forma en que hablamos de él?

Estela: Fue un desarrollo importante en la filosofía.

Garcín: ¿Y aún es relevante hoy en día?

Inés: La cuestión de cómo usamos el lenguaje sigue siendo hoy tan importante como lo era entonces. Quizás incluso más. Piensa en los actuales debates en torno a las noticias falsas y las redes sociales. Cualquiera puede exponer sus argumentos para que la audiencia los vea, pero ¿quién verifica esos argumentos en busca de hechos y verdad?

Estela: Siempre usaremos el lenguaje para comunicarnos. Sin entender el juego del lenguaje, no podremos entendernos.

Garcín: Pero es un juego en el que estamos **atrapados**. No podemos elegir no jugarlo, ¿verdad?

Inés: No, no podemos. Pero lo importante es jugarlo bien, y por eso necesitamos la filosofía. Nos ayuda a usar el lenguaje para aclarar nuestros pensamientos. Puede que no estemos de acuerdo en que la filosofía ha llegado a su fin, ¡el profesor Aymard no lo estaría! Pero el lenguaje nos ayuda a decidir qué es y qué no es un problema filosófico.

Garcín: ¡Necesito pensar un poco más en esto!

Datos clave:

- *Russell, Moore y Wittgenstein representan el desarrollo de la filosofía analítica en el siglo XX. Estaban interesados en las estructuras del lenguaje y la forma lógica de los argumentos. Wittgenstein creía haber resuelto todos los problemas de la filosofía y **se marchó** de Cambridge, aunque regresó en 1929 para continuar con su trabajo. Nunca volvió a publicar, pero sus estudiantes tomaron numerosas notas de sus clases, y dejó un cuerpo de trabajo que aún resuena en los círculos filosóficos de hoy en día.*

Vocabulario

(la) mezcla mix
(el) arma (f.) weapon
(el) jardinero, (la) jardinera gardener
(el) maestro de escuela, (la) maestra de escuela school teacher
más allá beyond
atrapado, atrapada trapped
marcharse to leave

CAPÍTULO CATORCE: SARTRE Y EL EXISTENCIALISMO FRANCÉS: EL MÉTODO CONTINENTAL

*Inés, Garcín y Estela asisten a una clase de filosofía continental. Después, se sorprenden al ver al profesor Aymard llegar al Café de Flore. Su próxima clase es por la tarde, pero el profesor Aymard está ansioso, **así que** repasen el material. Los chicos descubren algo impactante sobre Roberto.*

Profesor Aymard: Quiero terminar nuestra clase sobre Sartre y el existencialismo francés hablando un poco sobre la llamada división entre la filosofía «analítica» y la «continental». Hemos estudiado una variedad de períodos diferentes en la historia de la filosofía: los antiguos griegos, los escolásticos, el período moderno... En el siglo XX, queda claro que hay dos tipos de filosofía, por así decirlo: la analítica y la continental. En la clase anterior, observamos a filósofos como Russell y Wittgenstein. Estos pensadores podrían clasificarse como filósofos analíticos, aquellos que se preocupan principalmente por el significado de las afirmaciones y la forma en que se puede verificar la verdad. Se basan en procesos lógicos para llegar a sus conclusiones y escribir de una manera que permita seguir de cerca sus argumentos.

Garcín: ¿No es esa la mejor manera de hacer filosofía?

Profesor Aymard: Bueno, es una forma de hacer filosofía, y sin duda es la forma en que hacen filosofía muchos de los pensadores que hemos estudiado. La filosofía analítica no llegó a definirse como tal hasta el siglo XX. Pero antes de eso, podríamos identificar a filósofos como Leibniz o Hume como escritores con un método «analítico». Esto contrasta con la filosofía «continental», que es lo que hemos estudiado hoy. Surgió, como era de esperar, en el continente europeo, donde pensadores como Jean-Paul Sartre adoptaron una forma particular de pensar sobre la filosofía, que se centró en el yo y nuestro lugar en el mundo, en lugar de examinar el mundo desde una posición neutral.

Inés: ¿Y cuál es su favorita, profesor Aymard?

Profesor Aymard: No estoy a favor de ninguna de las dos. En los últimos años, la idea de una división entre la filosofía analítica y la continental se ha vuelto más **borrosa**. Los filósofos están más interesados en llegar al **meollo del asunto**, en lugar de discutir sobre el método. Las preocupaciones de la filosofía son relevantes tanto para los pensadores analíticos como para los continentales. ¡Yo soy un simple filósofo y encuentro sabiduría en todas las tradiciones filosóficas!

Inés, Garcín y Estela salen de la clase y van al Café de Flore. Después de pagar por sus bebidas, se sorprenden al encontrar al profesor Aymard esperando detrás de ellos, ¡y parece llevarse muy bien con Roberto!

Roberto: Hola, profesor Aymard. Me alegro de verlo.

Profesor Aymard: Ah, Roberto, ¿qué tal? ¿Cómo va tu investigación?

Roberto: Está saliendo muy bien, gracias. Acabo de terminar de escribir otro capítulo. Se lo enviaré la semana que viene.

Garcín: ¿Otro capítulo? ¿Investigación? ¿De qué estás hablando, Roberto?

Profesor Aymard: Roberto es uno de nuestros estudiantes de doctorado más prometedores. ¿No os dijo que está escribiendo una tesis sobre Sartre?

Inés, Garcín y Estela se miran con asombro. En todo el tiempo que han estado viniendo al café, Roberto nunca ha revelado por qué sabe tanto de filosofía.

Inés: ¡Nunca nos dijiste nada al respecto, Roberto!

Roberto: Nunca me lo preguntasteis. Trabajo aquí durante el día y estudio de noche. Hice el mismo curso que estáis haciendo vosotros hace cinco años. La filosofía me resultó tan interesante que continué estudiando. El profesor Aymard es uno de mis supervisores.

Profesor Aymard: Por eso Roberto va a dar una clase de alto nivel hoy. Después de todo, estamos en el café donde una vez se sentó el propio Sartre. Bueno, Roberto, ha sido un placer verte.

El profesor Aymard se sienta en una mesa cercana.

Estela: Qué lástima que no nos lo dijiste antes, Roberto. ¡Seguro has pensado que somos muy tontos!

Roberto: Para nada. La filosofía no es fácil. Se necesita tiempo para aprender a pensar correctamente. Los tres habéis hecho un gran trabajo, aunque el tatuaje me sigue pareciendo mala idea.

Garcín: Yo también empiezo a pensarlo.

Inés: Debes saber mucho de Sartre, Roberto.

Roberto: Mucho, sí, ¡pero siempre hay más que aprender! El profesor Aymard ya os habrá hablado sobre la división de la filosofía en el siglo XX, y de cómo surgió una división entre los llamados filósofos analíticos y los continentales. Bueno, Sartre, y muchos otros en París, estaban firmemente del lado de la filosofía continental, aunque el término sea menos útil hoy en día.

Garcín: ¿Por qué ya no es útil?

Roberto: Porque los filósofos comenzaron a darse cuenta de que muchos de los temas sobre los que piensan y debaten son muy parecidos. El enfoque puede parecer diferente, pero el objetivo es el mismo. Todos los filósofos se esfuerzan por comprender el mundo y a sí mismos un poco mejor. No importa si lo haces usando argumentos lógicos con una **férrea** estructura, o si escribes una **obra de teatro** o una novela. Si la filosofía es el amor a la sabiduría, no importa cómo surja esa sabiduría.

Estela: Sartre era <u>existencialista</u>, ¿no?

Roberto: Así es. Para Sartre, la filosofía tenía que ver con la libertad. Afirmó que «la existencia precede a la esencia». Somos seres en el mundo. Primero existimos y luego descubrimos lo que significa el mundo. Mucha gente vive lo que Sartre llamó «vidas inauténticas». Se definen por lo que hacen en lugar de por lo que son. Sería fácil para mí decir que soy **camarero,** pero eso no te dice nada sobre quién soy en realidad. Todos os sorprendisteis hoy al descubrir que era un estudiante de investigación, y vuestra actitud hacia mí cambió. Sartre diría que descubristeis algo sobre mi yo auténtico, algo que no conocíais antes. Pero, fundamentalmente, sigo siendo la misma persona. No importa si me dedico a conducir un autobús o si soy neurocirujano: mi existencia precede a mi esencia.

Garcín: Entonces, todos somos iguales en opinión de Sartre.

Roberto: Simpatizaba con el marxismo. Creía en la igualdad, sí. Pero lo que somos no está predeterminado. No hay dios ni voluntad externa que nos impulse hacia adelante. No deberíamos definirnos por cosas como nuestro trabajo o la cantidad de dinero que tenemos en el banco. En lugar de preguntar qué hacen las personas para ganarse la vida, sería mejor preguntarles qué tipo de personas son. ¿Quién eres? Ese es el punto de partida de Sartre. Aunque puede ser aterrador. A muchas personas les gusta vivir dentro de los límites de las reglas predeterminadas y los lugares comunes de la sociedad. Durante los últimos cincuenta años, hubo un cambio real en la forma en que las personas se definen a sí mismas y cómo quieren ser. Sartre dijo que estamos «condenados a ser libres».

Inés: Eso no suena muy bien. ¿Qué quería decir?

Roberto: Bueno, piénsalo. En el pasado, muchas personas creían que sus vidas estaban gobernadas por Dios o por ciertas formas de ser. Sartre dice que la forma en que estamos en el mundo no está predeterminada. Para algunas personas, eso puede parecer aterrador, pero para Sartre, fue una oportunidad de vivir una vida totalmente auténtica. La libertad es un hecho del que no podemos escapar, por mucho que lo intentemos. Somos artistas de nuestro propio destino.

Garcín: Es una forma muy poética de decirlo. Me gusta.

Roberto: Bueno, Sartre estaba rodeado de artistas, escritores, poetas y filósofos. Vivió un momento emocionante en el desarrollo de la filosofía y la cultura francesas, y durante dos guerras mundiales, cuyos efectos tuvieron una influencia considerable en su filosofía. Su argumento era que podemos crear nuestros propios destinos libres de **apego** a formas de ser no auténticas. El existencialismo se ocupa de las formas en que nos relacionamos con el mundo que nos rodea. Pensad en otras ideas filosóficas que habéis estudiado. Muchas comienzan con una persona que observa el mundo, o a sí misma, y llega a conclusiones. El existencialismo es diferente. Somos seres involucrados en el mundo. Nos encontramos a nosotros mismos como parte de él, no separados de él. Soy tan parte del mundo como un río o un árbol. Existo en él y hago mi propio camino basado en el hecho de esa existencia. ¡Es emocionante!

Garcín: Entonces, ¿la vida es lo que nosotros hacemos que sea?

Roberto: Mientras la vivamos auténticamente, sí. Quizás la diferencia más notable entre el estilo de Sartre y, digamos, el de Wittgenstein, es la forma en que comunicaba sus ideas. Wittgenstein, un filósofo analítico que conocisteis en la clase anterior, escribía en una secuencia lógica ordenando una idea tras otra. Sartre creía que las ideas filosóficas podían comunicarse a través de novelas y obras de teatro. Su novela más famosa se llama *La náusea* y cuenta la historia de un hombre que se da cuenta de las implicaciones de la libertad radical que Sartre defiende. También escribió una obra de teatro llamada *A puerta cerrada* o *Sin salida*, que contiene la famosa frase «El infierno son los otros».

Garcín: Así me siento yo en el metro. Tal vez se le ocurrió allí.

Inés: Pero la filosofía continental no surgió aquí en París, ¿verdad? El profesor Aymard también nos habló de la fenomenología. ¿Sabes algo de eso?

Roberto: Bastante, sí. Mi investigación se centra en el cruce entre el existencialismo y la fenomenología en el pensamiento de Sartre. Pero la fenomenología comenzó, en gran parte, con la psicología. Durante el siglo XIX, muchas personas se interesaron en cómo funciona la mente y cómo los trastornos de la mente afectan a las personas. La idea de la salud mental y de tratar la mente como un órgano, como el corazón o los pulmones, era relativamente nueva. Mucha gente creía en la separación de la mente y el cuerpo, que eran cosas diferentes. Un psicólogo llamado Franz Brentano se interesó en el funcionamiento de nuestros procesos de pensamiento, y un **alumno** suyo, un filósofo llamado Edmund Husserl, fue más allá al argumentar que el único conocimiento seguro que podíamos tener era el de nuestros propios procesos de pensamiento, nuestra propia conciencia.

Garcín: ¡Pienso, luego existo!

Roberto: Husserl argumentó que Descartes iba en la dirección correcta al hablar sobre la necesidad de examinar nuestra propia conciencia para obtener un verdadero conocimiento: «Pienso, luego existo». Pero fue más allá al preguntarse qué es realmente la conciencia.

La fenomenología es una descripción de los contenidos de nuestra conciencia.

Inés: Entonces, ¿consiste en pensar sobre nuestros pensamientos? Nuestros pensamientos son los fenómenos, y pensamos en esos pensamientos.

Roberto: Ese es el punto de partida.

Estela: Pero ¿qué hay de esos pensamientos? También tenemos que pensar sobre los pensamientos que están pensando en los pensamientos, que están pensando en los pensamientos, y... ¡ay! Se vuelve muy confuso.

Roberto: Ese es un problema al que se enfrentó Husserl. Pensar en pensar solo conduce a la certeza sobre ti mismo, y a seguir pensando sobre ti mismo. Mientras que Descartes decidió que había ciertas cosas de las que podíamos estar seguros, el reduccionismo de Husserl solo conducía al yo, y tampoco está claro qué se entiende por eso.

Garcín: ¿Qué es el reduccionismo?

Roberto: Simplemente la reducción de lo que podemos estar seguros. Piensa en ello como agua **hirviendo** en una **cacerola**. Si sigue calentándose, acabará por desaparecer. O la idea de un pensamiento sobre un pedazo de tarta. La descomponemos hasta que ya no tiene sentido. Solo quedan **migas** en un plato. Husserl se encontró con el problema de hasta qué punto reducimos aquello de lo que podemos estar seguros. Si pensar en nuestros pensamientos es la única certeza, no llegaremos muy lejos.

Garcín: Pero la fenomenología debe seguir siendo útil como método, ¿no? Pensar en nuestros pensamientos significa prestarles mucha atención.

Roberto: Nos ayuda a estudiar la forma fundamental en que pensamos, y también está estrechamente vinculada al existencialismo.

Inés: ¿Cómo?

Roberto: ¿Recuerdas el eslogan de Sartre? «La existencia precede a la esencia». Así como la fenomenología examina nuestros pensamientos desde la perspectiva de nuestra propia conciencia, el existencialismo examina nuestro ser, nuestra esencia, desde la perspectiva de la existencia. No hay nada externo en lo que podamos confiar para definirnos o hacernos ser quienes somos. La fenomenología es el proceso de examinar nuestros pensamientos desde un punto de vista internamente objetivo, y el existencialismo toma ese mismo punto de vista para comprender quiénes somos y qué **pretendemos** ser.

Inés: Creo que necesitamos un ejemplo, Roberto. ¡Todo esto me **marea**!

Roberto: Muy bien. Este es un experimento mental. Pero la cuestión es que podemos hacerlo por nosotros mismos. ¿En qué estáis pensando ahora mismo?

Estela: En lo difícil que es esto.

Garcín: Y en otro pedazo de tarta.

Roberto: Vale, te preocupa la tarta. Pero ¿y si pudieras dar un paso atrás y pensar en ello objetivamente? La tarta es sabrosa, la tarta es algo que disfrutas, pero la tarta también engorda y no es saludable. Comer tarta es experimentar placer y luego **culpa**; placer en el momento y culpa después, posiblemente. Ese sería un ejemplo de un análisis fenomenológico simple. Ahora, digamos que trabajo como conductor de autobús. Cuando alguien me pregunta qué hago, inmediatamente les digo que soy conductor de autobús. Pero también toco el piano como un profesional, puedo hacer el mejor *soufflé* de París y estoy casado con la mujer más bella del mundo. Soy amable, considerado, gentil y tengo un gran sentido del humor. Pero me he definido de una manera, y así es como seré juzgado. No he sido auténticamente yo mismo, porque no he tomado una posición objetiva para definirme.

Estela: Eso tiene sentido. Pero ¿la gente realmente piensa así?

Roberto: No, pero tal vez deberían.

Garcín: Entonces, ¿es una forma de racionalismo?

Roberto: Algo que espero que hayáis aprendido durante el curso es que gran parte de la filosofía está vinculada. Una idea se basa en otra. A menudo escuchamos críticas de filósofos antiguos, pero su pensamiento es muy importante para las ideas del presente. Leibniz hizo su trabajo y Husserl tuvo ideas sobre fenomenología, quizá, gracias a que Descartes estudió el pensamiento racionalista. Y eso ocurre en cualquier disciplina. Nuestros conocimientos de física son lo que son gracias a que Newton se sentó debajo del manzano. Necesitamos ideas del pasado para formar ideas en el presente. Y eso es lo que hacen los filósofos.

Inés: Excepto Nietzsche...

Roberto: Bueno, es cierto. Nietzsche siguió su propio camino. Rechazó todos los aspectos de la historia de la filosofía occidental. ¡Pero esa es otra historia! Aunque creo que habría simpatizado con el existencialismo, y sin duda simpatizaba con los primeros filósofos griegos: escribió un libro de texto sobre ellos y admiró a Tales.

Estela: ¿Y los filósofos siguen hablando de existencialismo y fenomenología? ¿Qué ocurrió con la filosofía continental?

Roberto: ¡Mi investigación no tendría ningún sentido si no se siguiera hablando de ello! Otros movimientos filosóficos surgieron de la tradición continental. El estructuralismo, por ejemplo, argumentó que los elementos de la cultura, y de nuestras vidas en general, estaban estructurados en torno a sistemas que nos unen.

Garcín: Eso no suena muy existencial. ¿No elimina la posibilidad de crear nuestra propia esencia a partir de nuestra propia existencia?

Roberto: Exactamente, es antiexistencialista. El pensador Claude Levi-Strauss buscó estructuras similares en diferentes culturas. Fue antropólogo y aplicó su pensamiento a la cultura y la sociedad en su conjunto. El estructuralismo examina los símbolos que estructuran el mundo en el que vivimos. Todo está fijado al nivel de un sistema en el que todos operamos. No creamos nuestra propia realidad, sino que nos encontramos arrojados a la que ya existe.

Garcín: Vas a tener que dar más ejemplos, Roberto.

Roberto: Bueno, pensad en la forma en que describimos un objeto. Una manzana podría ser un ejemplo; veo que tienes una en el bolsillo, Garcín. Podemos usar palabras como verde, crujiente, dulce o redonda para describir la manzana. Estamos describiendo la manzana, pero existe una sensación de que sería imposible describirla de otro modo. No podemos llamarla cuadrada, salada, morada y suave. Eso sería describir algo totalmente diferente. Las cosas en el mundo están estructuradas de ciertas maneras. No somos libres de cambiarlas, incluso si pensamos que podemos definir nuestra propia existencia dentro de esas estructuras. Sartre se centró en el individuo que se encuentra arrojado al mundo, pero el estructuralismo sostiene que el individuo se encuentra arrojado a un mundo que no necesariamente puede cambiar.

Inés: Creo que no me gusta esa idea.

Roberto: Tampoco le gustaba a muchos filósofos. Jacques Derrida fue en sentido contrario; era deconstructuralista. Argumentó que estas estructuras aparentes no eran tan sólidas como pensaban sus defensores. Se propuso demostrar que las pretensiones de los estructuralistas eran solo construcciones metafísicas, y que de lo único que realmente podíamos estar seguros era del yo.

Garcín: Entonces, ¿rechaza ideas metafísicas como el espacio y el tiempo?

Roberto: En esencia, sí. Los estructuralistas argumentarían que ese tipo de conceptos estructuran el mundo en el que nos encontramos. Pero ¿estamos realmente seguros de ellos?

Estela: De vuelta a la fenomenología, ¿no es así?

Roberto: Eso parece. Se trata de intentar darle sentido al mundo. ¡Eso es lo que los filósofos siempre han tratado de hacer!

Garcín abre un libro sobre Sartre.

Garcín: Oh, qué curioso. ¿Sabíais que el nombre completo de Sartre era Jean-Paul Charles Aymard Sartre? ¿Y si…?

Inés: ¿El profesor Aymard está emparentado con él?

Roberto: Bueno, es una extraña coincidencia, ¿no?

Datos clave:

- *Jean Paul-Sartre fue parte de un movimiento de la filosofía francesa conocido como existencialismo. Personifica el estilo «continental» de la filosofía, que contrastaba con el estilo angloamericano de pensadores como Russell y Wittgenstein. La filosofía continental no se escribe ni se comunica en un estilo estrictamente «analítico» y lógico, sino a menudo a través de obras de teatro o novelas que buscan comunicar las ideas de una manera significativa para la vida cotidiana. La novela de Sartre La náusea es un ejemplo de ello. Pero la tradición continental también dio lugar a obras como Ser y tiempo de Heidegger y El ser y la nada de Sartre, ¡grandes tomos con mucho que decir! La tradición continental no se limita a un área geográfica, sino que es un estilo de hacer filosofía que, en los últimos años, se ha distinguido menos del de la filosofía analítica. Otras ideas en la filosofía continental incluyeron la fenomenología, popularizada por pensadores como Heidegger, y movimientos como el estructuralismo, que contrastaron con la idea de libertad radical presentada por Sartre y otros.*

Vocabulario

así que so
borroso, borrosa blurry
(el) meollo del asunto heart of the matter, nub of the issue
férreo, férrea firm, strong
(la) obra de teatro play
(el) camarero, (la) camarera waiter, waitress
(el) apego attachment
(el) alumno, (la) alumna student
hervir to boil
(la) cacerola saucepan
(la) miga crumb
pretender to intend
marearse to feel dizzy
(la) culpa blame

CAPÍTULO QUINCE: TENDENCIAS ACTUALES EN FILOSOFÍA: ¿ESTÁ LLEGANDO A SU FIN?

Inés, Garcín y Estela asisten a la última clase de la primera parte de la asignatura. El profesor Aymard está haciendo un resumen de todo lo que han aprendido hasta ahora.

Profesor Aymard: Y así, llegamos al final de esta parte del curso. Hicimos un viaje desde la antigua Grecia y el Mediterráneo hasta Oriente Próximo y la Europa medieval. Recorrimos los inicios de la filosofía moderna y vimos un renacimiento de ideas. También experimentamos los rigores de la tradición germánica del siglo XIX y la división analítica y continental del siglo XX. Vimos cómo las ideas aparecen y desaparecen, cómo evolucionan y cambian los pensamientos, y cómo algunas viejas tradiciones son socavadas y otras nuevas creadas. Ha sido un viaje muy emocionante, ¿no creéis?

Inés: ¿Y qué viene ahora, profesor Aymard?

Profesor Aymard: Bueno, no quiero que penséis que la filosofía es solo una cuestión de aprender lo que otras personas piensan y han dicho. Para ser filósofos, tenemos que hacer filosofía. Debemos tener nuestras propias ideas sobre las preguntas que se han planteado los filósofos que hemos estudiado, y hacer nuevas preguntas por nosotros mismos. La última parte del curso analizará algunos temas de la filosofía contemporánea y examinará algunos debates actuales. La política, la medicina, las preocupaciones ambientales, la estética, la religión... Todas estas son áreas en las que la filosofía desempeña un papel.

Garcín: Cuando comenzamos el curso, no me gustaba no tener las respuestas, pero ahora me doy cuenta de que la filosofía consiste en aprender a pensar las preguntas correctamente.

Profesor Aymard: En efecto. Sin duda has cambiado de actitud, Garcín, y para mejor. Tienes razón, hay maneras buenas y malas de pensar en este tipo de preguntas. Primero veremos la lógica. El estudio de la lógica **se remonta a** los antiguos griegos. Fueron los primeros en intentar dar sentido a cómo argumentamos y formalizar la mejor manera de hacerlo. Aprenderemos a estructurar los argumentos y a reconocer los malos. Esto nos ayudará a considerar los problemas que vienen a continuación.

Estela: ¿Aplicar la filosofía a situaciones del mundo real?

Profesor Aymard: Sí. Hay algunas personas que piensan que la filosofía está llegando a su fin, que sus días están contados. ¿Dónde están los Kants de hoy? ¿Nietzsches? ¿Wittgensteins? Algunos hablan de un movimiento en filosofía conocido como «antifilosofía»: la creencia de que la filosofía ya no debe considerarse relevante, que la filosofía solo busca destruir aquellas cosas que se dan por sentadas. ¿Estáis de acuerdo?

Inés: ¿A qué se refiere con antifilosofía, profesor Aymard? ¿Por qué alguien estaría en contra de la filosofía?

Profesor Aymard: Ah, bueno, los hay en esta misma ciudad. Mi querido amigo y colega, el profesor Alain Badiou[3], por ejemplo. Creen que pensadores como Nietzsche y Wittgenstein son antifilósofos. Es decir, solo buscan destruir la búsqueda de la verdad que se encuentra en el corazón de la filosofía. Tengo cierta simpatía con esa forma de verlo. Wittgenstein, si recordáis, creía que había resuelto los problemas de la filosofía y que los problemas filosóficos, los que realmente existían, simplemente equivalían a resolver **acertijos** del lenguaje. Dijo que no podíamos hablar de manera significativa sobre Dios, la verdad o la belleza porque tales cosas no se corresponden con los hechos del mundo. Nietzsche quería desmantelar todo el edificio de la filosofía. Rompió sus **cimientos** y miles de años de tradición, comenzando con Platón. Son tiempos peligrosos para la filosofía.

Garcín: Entonces, ¿vale la pena estudiar filosofía?

Profesor Aymard: ¿Qué opinas tú, Garcín? Has sido el mayor crítico de la filosofía durante el curso. ¿Deberíamos **rendirnos** y olvidarnos de ella?

Garcín: ¡Definitivamente no! No quiero olvidarla. No puedo olvidarla. Antes de hacer este curso, pensaba que la filosofía no tenía sentido. No veía ninguna razón para hacer preguntas sin respuestas o para pensar en cosas más allá del día a día. Pero ahora, no puedo imaginar no pensar en esas cosas.

Inés y Estela se miran sorprendidas.

---

[1] Filósofo francés que trabaja en áreas como la filosofía del ser y la verdad. Badiou fue fuertemente influenciado por los disturbios estudiantiles de 1968 en París y su política está entrelazada con su filosofía.

Estela: Suenas muy apasionado, Garcín.

Garcín: Me apasiona. Creo que todo el mundo debería estudiar filosofía. He pensado en cosas con las que nunca soñé y, aunque no tengo las respuestas, siento que sé pensar mucho mejor.

Profesor Aymard: ¡La fe del converso! Pero me alegra mucho oírlo, Garcín. La historia de la filosofía es la historia de cómo los hombres y las mujeres han pensado durante miles de años. Importa y seguirá importando.

Inés: En su mayoría hombres…

Profesor Aymard: Es cierto, Inés. Tristemente, tienes razón. En la historia de la filosofía, rara vez nos encontramos con mujeres. Pero me complace decir que eso está cambiando. Ahora hay muchas mujeres que hacen contribuciones importantes a la filosofía. En la segunda mitad del siglo XX, mujeres como Simone de Beauvoir, Elizabeth Anscombe, Philippa Foot, Hannah Arendt y Julia Kristeva hicieron aportaciones significativas a la filosofía tal como la conocemos hoy en día.

Estela: Entonces, necesitamos que más mujeres estudien filosofía para equilibrar las cosas.

Profesor Aymard: Me encantaría tener a alguno de vosotros o vosotras entre mis estudiantes de investigación. ¡Quizás tengamos al próximo Sartre o a la próxima de Beauvoir entre nosotros! La filosofía tiene un papel fundamental que desempeñar en los próximos pasos de la humanidad. Fijaos en la inteligencia artificial, por ejemplo. El mundo virtual se está volviendo casi tan importante como el real, pero ¿cómo debemos responder a él? ¿Los ordenadores pueden pensar realmente? Si es así, ¿cómo deberíamos reaccionar? ¿Cómo debemos comportarnos moralmente en un mundo virtual? Todas estas son preguntas importantes, preguntas filosóficas, y necesitamos que aquellos que puedan pensarlas bien tengan un papel destacado en la sociedad.

Inés: No se trata solo de sentarse en un sillón con tus pensamientos profundos.

Profesor Aymard: En absoluto. Los filósofos están a la vanguardia del pensamiento moderno. Otro ejemplo: los debates sobre la eutanasia y el final de la vida. Ambas partes tienen firmes opiniones sobre el asunto, pero las respuestas emocionales a menudo no son las más razonadas. Se necesita un filósofo para pensar en el asunto racionalmente. Estoy seguro de que podéis pensar en muchos ejemplos en los que surgen preguntas filosóficas. Una buena base en filosofía puede prepararos para muchos tipos de carreras: política, medicina, trabajo caritativo, incluso el **ejército**. En cualquier lugar donde pensar bien las cosas puede significar la diferencia entre un resultado bueno y uno malo.

Inés: ¿Y los filósofos están pensando en estas cosas ahora mismo?

Profesor Aymard: Desde luego. Un amigo mío forma parte en un proyecto de investigación sobre la filosofía del deporte.

Garcín: ¿Del deporte? ¿Por qué la filosofía tendría algo que ver con el deporte?

Profesor Aymard: ¿Qué es el juego limpio? ¿Es moralmente aceptable ser competitivo? ¿Los deportistas son héroes? ¿Es correcto celebrar la victoria? ¿Deberíamos usar drogas para mejorar el rendimiento? ¿No son todas esas preguntas filosóficas? Veréis, la filosofía está en todas partes. Veremos algunos de estos temas en las próximas clases, pero por ahora, ¡buenas tardes!

Datos clave:

- *La historia de la filosofía continúa. La filosofía desempeña un papel importante en áreas tan diversas como la inteligencia artificial, la medicina, la política y el medioambiente. Si bien algunas de las preguntas que los filósofos siempre se han hecho siguen vigentes, siempre surgirán nuevas preguntas. El **propósito** de la filosofía no es simplemente buscar respuestas, sino también aprender a pensar en esas preguntas. Hoy en día, la filosofía ya no es el dominio exclusivo de los académicos, ni es solo una actividad para los hombres, como alguna vez fue.*

Vocabulario

remontarse a to date back to
(el) acertijo riddle
(los) cimientos foundations
rendirse to surrender
(el) ejército army
(el) propósito purpose

CAPÍTULO DIECISÉIS: MUJERES EN LA FILOSOFÍA

El profesor Aymard ha preparado una clase especial con una profesora invitada. Inés, Garcín y Estela llegan. El tema es un misterio hasta que el profesor Aymard lo presenta.

Profesor Aymard: Buenas tardes a todos. He impartido este curso durante muchos años y siempre estoy buscando nuevas formas de mejorarlo. Un miembro de esta clase me envió una solicitud, y me pareció bastante buena. Inés preguntó si podíamos dar una clase sobre mujeres en la filosofía. Es cierto que la historia de la filosofía se inclina hacia los hombres. De hecho, todos los temas que hemos cubierto han tratado sobre un hombre que escribe sobre los problemas planteados. Las razones de esto son históricas. Dicho **sin rodeos**, las mujeres simplemente no participaban en la vida intelectual. No se les permitía enseñar, muy pocas sabían leer o tenían educación; por lo tanto, su contribución a la academia era insignificante. Pero, afortunadamente, las cosas han cambiado y el lugar de la mujer en la filosofía ahora está firmemente establecido.

Estela: Bien hecho, Inés. Tu sugerencia fue muy buena.

Inés: Gracias. Es un tema sobre el que estoy muy interesada en aprender más.

Profesor Aymard: Pero no me parecía apropiado ser yo quien diera la clase sobre mujeres en filosofía. Hacerlo sería reforzar la opinión de que solo los hombres enseñan filosofía. Por eso, he invitado a una profesora para que hable con vosotros esta tarde. Estoy seguro de que estaréis de acuerdo en que es la persona perfecta. Por favor, dad una **cálida** bienvenida a la profesora Sylvie Zanta, que estudió con Simone de Beauvoir y ahora es profesora de filosofía en la Universidad de Oxford en el Reino Unido.

Inés, Garcín y Estela se miran emocionados mientras la profesora Zanta da un paso al frente. La clase le da un aplauso.

Profesora Zanta: Buenas tardes a todos y gracias, profesor Aymard, por sus amables palabras de bienvenida. Es un placer estar con vosotros. Entiendo que habéis aprendido sobre la historia de la filosofía desde los antiguos griegos hasta la actualidad, y que acabáis de llegar al presente.

Inés: Hemos estado estudiando el siglo XX recientemente: Russell, Moore y Wittgenstein, la tradición analítica y la filosofía continental, el existencialismo y la fenomenología.

Profesora Zanta: Excelente, ciertamente habéis aprendido mucho. Hoy quiero hablaros de las mujeres en la filosofía. Somos pocas y distantes entre nosotras, pero cada vez hay más. El hecho de que las mujeres no aparezcan en la historia de la filosofía occidental no significa que las mujeres no lleven tanto tiempo como los hombres pensando en cuestiones filosóficas. Los hombres y las mujeres no son diferentes cuando se trata de maravillarse con el mundo que nos rodea y hacer preguntas al respecto. La diferencia es que las mujeres no siempre han tenido las mismas oportunidades que los hombres para hacer algo al respecto.

Inés: ¿Alguna mujer fue tomada en serio en el pasado? No solo en la filosofía su influencia estaba restringida. La historia de Europa es la historia de los hombres.

Profesora Zanta: Eso es tristemente cierto. Desde una perspectiva sociológica, las mujeres siempre han desempeñado un papel subordinado. Mientras los hombres salían a cazar y recolectar, las mujeres se quedaban en casa para cuidar de los niños y el hogar. Los tiempos cambiaron, las civilizaciones también, pero las estructuras sociales fundamentales siguieron siendo las mismas. La historia de las mujeres se ha empezado a tomar en serio hace muy poco y se ha dado a conocer a un público académico más amplio. Es un error decir que la filosofía excluyó deliberadamente a las mujeres, pero la cultura predominante lo hizo de muchas maneras, y la filosofía fue más pobre por ello. Ahora estamos empezando a entender este error.

Estela: ¿Cuándo aparecieron las mujeres por primera vez en la historia de la filosofía?

Profesora Zanta: Algunos dirían que Simone de Beauvoir fue la primera filósofa en obtener un gran reconocimiento. Sin duda estaba a la vanguardia de un cambio radical. Pero quiero ir más allá y explorar algunas ideas que las mujeres tenían en tiempos pasados. Lo creáis o no, podemos remontarnos a los antiguos para encontrar ejemplos de mujeres que hacían filosofía. Es posible que hayáis oído hablar del matemático griego Pitágoras, famoso por su trabajo sobre triángulos. Tenía una esposa, Téano de Crotona. Tenemos fragmentos de sus escritos sobre temas como la virtud y la dorada

medianía, las matemáticas y cómo **criar** a los hijos.
No hay dudas de que era una pensadora respetada por
derecho propio. Una de las primeras filósofas.

Estela: Eso es asombroso. Entonces, ¿fue una verdadera pionera?

Profesora Zanta: Parte del problema es que una historia dominada por hombres significa un programa de estudios dominado por hombres. Simplemente no oímos hablar de estas mujeres, a pesar de que estaban allí. Fijaos en la época medieval. Habéis oído hablar de Tomás de Aquino, Agustín y Anselmo, pero la vida monástica no era solo para hombres. Muchas mujeres se convirtieron en monjas y hacerlo fue una oportunidad para aprender a leer y escribir. Tenían acceso a bibliotecas y tiempo para estudiar. La Iglesia medieval dio lugar a muchas mujeres eruditas. Catalina de Siena, por ejemplo. Santa Catalina de Siena fue una mística que tuvo muchas experiencias de lo divino. Usó el lenguaje de la escolástica medieval para describir esas experiencias y escribió extensamente sobre ellas.

Inés: Por lo tanto, ¿era teóloga y filósofa, al igual que los demás?

Profesora Zanta: Exactamente. Era una erudita, además de tener una fe profunda. Estos son solo dos ejemplos de mujeres que tuvieron sus propias ideas en el contexto de la época que vivieron. Es cierto que la mayoría de las mujeres no tenían estas oportunidades. Pero la mayoría de los hombres tampoco. La mayoría de la gente estaba demasiado ocupada sobreviviendo como para prestar atención a los problemas de la filosofía. Hoy en día damos por sentado el tiempo libre, y eso nos da la oportunidad de disfrutar de la filosofía por nosotros

mismos, si así lo deseamos. Pero en el pasado, la mayoría
de las personas no tenían el tiempo ni la educación para
hacerlo.

Estela: Pero parece que las mujeres eran pocas y distantes
entre sí. ¿Cuándo se convirtieron realmente en una
fuerza en la filosofía y cuál ha sido su contribución?

Profesora Zanta: Bueno, esa es una buena pregunta. El
siglo XX fue una época de liberación de la mujer. Las
revoluciones del siglo XIX fueron, en gran parte, las
de los hombres. Las mujeres tuvieron que esperar, y en
muchos lugares todavía están esperando por la igualdad
y la libertad. Es sorprendente pensar que hace solo
cien años las mujeres luchaban por ejercer los derechos
democráticos más simples aquí en Europa. Pero con la
emancipación de la mujer en el lugar de trabajo, el hogar
y la educación, llegó la emancipación de la mujer en la
filosofía. Para algunos, puede resultar sorprendente que
las mujeres puedan pensar en cuestiones filosóficas tan
bien como los hombres.

Estela: ¿Y ya no se pone en duda que las mujeres sean
iguales a los hombres cuando se trata de filosofía?

Profesora Zanta: Todavía hay preguntas sobre igualdad
salarial, derechos laborales, etc., pero sí, creo que las
mujeres son mucho más respetadas como filósofas de lo
que lo eran en el pasado. Para empezar ¡se las reconoce
como filósofas! Pero la filosofía tiene que ver con las
ideas, y las mujeres pueden tener las mismas ideas que
los hombres, e incluso mejores. El siglo XX vio una
revolución en el pensamiento de las mujeres, no solo
sobre los temas que las afectaban, sino sobre todos los
aspectos de la filosofía. Fijaos en Simone de Beauvoir.

Su filosofía existencialista sigue siendo influyente en la actualidad. Al igual que Sartre, prefería usar novelas y obras de teatro para expresar sus ideas. También escribió autobiográficamente como una forma de comunicar la idea central del existencialismo: que la existencia precede a la esencia. Ella y Sartre fueron compañeros durante toda la vida, y compartieron una vida poco convencional. Eran radicales.

Inés: ¿Cómo?

Profesora Zanta: Simone de Beauvoir era feminista, en un momento en que el feminismo como movimiento estaba en su infancia. Por supuesto, hubo mujeres pioneras en el pasado. Muchas mujeres lucharon contra el dominio masculino y lograron el éxito por sus propios medios. Pero a menudo eran mujeres de poder o estatus; la reina Isabel I de Inglaterra, por ejemplo. En el siglo XX, las mujeres comunes y corrientes se sintieron empoderadas para perseguir sus propias metas y sueños. Simone de Beauvoir estaba a la vanguardia de ese movimiento. Simplemente defendió la igualdad. Puede que no nos suene particularmente radical, pero lo era para la época. Pero recordad que el existencialismo, de alguna manera, va más allá de la igualdad entre sexos. Es más radical que eso. Los existencialistas definen su existencia, el sexo apenas importa. Ya seas hombre o mujer, la cuestión es descubrir lo que eso significa para ti como individuo. Simone de Beauvoir escribió un libro llamado *El segundo sexo*, que recorre el desarrollo del tratamiento de la mujer a lo largo de la historia.

Estela: Entonces, ¿el género no era importante para ella?

Profesora Zanta: Oh, yo creo que sí lo fue. Simone de

Beauvoir estaba dispuesta a explicar lo que significaba ser mujer, pero desde la limitación de su propia experiencia. Esa es la clave del existencialismo. No puedo definir tu existencia, y no puedo decirte cómo te sientes o cómo deberías ser. Eso es algo que debes resolver por ti misma. No hay una forma indiscutible de ser mujer u hombre. Tienes que descubrir lo que significa para ti. ¿Recordáis las palabras de Sartre sobre estar esclavizado por la libertad? Puede ser **sobrecogedor**. Hay quienes prefieren tener roles predeterminados y quienes nunca los cuestionan. Las ideas de Simone de Beauvoir desafiaron a muchos, y en particular a las mujeres, a pensar en quiénes eran y quiénes querían ser.

Inés: ¿Solo en la Europa continental las mujeres han tenido un impacto en la filosofía? ¿Qué hay de la filosofía analítica?

Profesora Zanta: Hay mujeres trabajando en departamentos de filosofía por todo el mundo. Tanto en filosofía analítica como en filosofía continental. Susan Stebbing fue la primera profesora británica de Filosofía en 1933. Dorothy Emmett fue la jefa del departamento de Filosofía de la Universidad de Manchester durante veinte años a mediados del siglo XX, y Elizabeth Anscombe fue una de las **traductoras** más importantes de Wittgenstein y alumna suya. Me alegra decir que el cambio ha llegado, y las mujeres han encontrado el lugar que les corresponde como filósofas en igualdad con los hombres.

Inés: ¿Podría contarnos algo sobre Hannah Arendt? Leí su libro *Los orígenes del totalitarismo*. Me pareció inspiradora.

Profesora Zanta: Sí, por supuesto. A mi también. Hannah Arendt fue una filósofa política y superviviente del Holocausto. Sus experiencias le dieron una visión única de los horrores del totalitarismo del siglo XX. Su filosofía no era solo un ejercicio académico, sino que surgió de la experiencia de la vida real. Un aspecto interesante de la obra es que no hace distinción entre el nazismo y el régimen soviético. Arendt sostiene que el totalitarismo es un cáncer de la represión. El terror fue el factor definitorio de estos dos regímenes totalitarios: el terror no solo contra los opositores políticos, sino también contra los **ciudadanos** comunes.

Inés: Y ella también vivió su política, ¿verdad? ¿Qué otras ideas filosóficas tenía?

Profesora Zanta: Sí, lo hizo. Otro de sus libros se llama *Eichmann en Jerusalén*. Trataba el **juicio** de Adolf Eichmann, uno de los arquitectos del Holocausto. Viajó a Jerusalén para presenciarlo y acuñó la frase «la banalidad del mal» para describirlo.

Garcín: ¿Qué significa eso?

Profesora Zanta: Significa que esperamos que los acusados de los crímenes más atroces sean diferentes, que parezcan monstruos. Lo hacemos para que subconscientemente podamos decir que no se parecen en nada a nosotros. Arendt reconoció que este no era el caso. Las personas más comunes y poco destacables pueden albergar un mal profundo en su interior, como fue el caso de Eichmann. De hecho, lo hace aún peor. No podemos convertir a esa persona en la otra. No podemos hacer nada más que aceptar que somos lo mismo.

Inés: Qué valiente que fue al encontrarse cara a cara con él.

Profesora Zanta: Pero no todos estuvieron de acuerdo. Algunos la criticaron por atreverse a sugerir que había algo banal en un hombre como Eichmann. Pero debemos admirarla por defender sus principios. Lamentablemente, algunos creían que una mujer no tenía derecho a compartir tales opiniones.

Estela: Pero ¿no es cierto que gran parte de la filosofía tiene que ver con ideas masculinas? ¿No son solo hombres intentando resolver los problemas que preocupan a los hombres? Arendt estaba tratando de demostrar que las mujeres son dueñas de sus propios pensamientos y sentimientos. Arendt fue a Israel para enfrentar el mal, y eso es lo que encontró, no un monstruo, sino un hombre común que hizo algo monstruoso.

Profesora Zanta: Exactamente. Y creo que hoy sería aplaudida. Ahora, acerca de que la filosofía está dominada por ideas masculinas… En absoluto. La filosofía trata de problemas que nos conciernen a todos. No podemos llamar a esas ideas masculinas o femeninas. Hay algunas feministas que defienden lo que acabas de decir: que la filosofía solo concierne a los hombres y que se necesita una nueva forma de pensar para ayudar a liberar a la filosofía de su pasado masculino. Pero las preocupaciones de la filosofía son universales. La verdad, la bondad, la belleza, Dios; todas estas son preocupaciones que tienen el mismo **peso** para hombres y mujeres. Fueron mayormente hombres quienes pensaron en estas cosas o, mejor dicho, la mayoría de pensamientos conservados sobre estos temas son de hombres. Sin embargo, eso no significa que los hombres serán los únicos que pensarán en ellos en el futuro.

*Después de la clase, el profesor Aymard agradece a la profesora Zanta. Inés, Garcín y Estela salen del **aula** y caminan juntos hacia el Café de Flore.*

Garcín: ¿Sentís que las opiniones de las mujeres son respetadas en el mundo académico? No me refiero solo a la filosofía, sino a todas las disciplinas.

Inés: Creo que las mujeres a menudo tienen que esforzarse más para demostrar su **valía**. Pero hay muchas profesoras e investigadoras, y muchos modelos a los que las mujeres pueden aspirar.

Estela: La profesora Zanta me resultó muy inspiradora. Realmente me ha hecho creer que puedo lograr lo mismo que cualquier hombre. ¡Y el hecho de que le enseñara Simone de Beauvoir es fantástico!

Garcín: Coincido. Vivir en la misma época que ella y Sartre habría sido muy interesante. Tenían una relación muy particular. Él le pidió que se casaran, pero nunca llegaron a hacerlo. Vivían como compañeros, a veces juntos, a veces separados.

Inés: A mí no me gustaría eso.

Garcín: A mí tampoco, pero les permitió a ambos trabajar en su escritura sin interrupciones. Simone de Beauvoir nunca se vio a sí misma como filósofa, sino como escritora.

Estela: Creo que fue ambas cosas. Comunicó sus ideas filosóficas a través de sus novelas y su autobiografía.

Eso demuestra que hay diferentes formas de hacer filosofía y de comunicar ideas. Estoy muy contenta de que hayamos aprendido sobre algunas de las mujeres que fueron pioneras en la forma en que estudiamos filosofía hoy en día. Creo que todos seríamos más pobres intelectualmente sin personas como Hannah Arendt.

Datos clave:

- *La filosofía, como cualquier otra disciplina académica, tiene una historia de dominio masculino. La historia de la filosofía es la historia de lo que los hombres pensaban. Las razones de esto son culturales, sociológicas y políticas. Hoy en día, la filosofía es una disciplina que da igual peso a las opiniones de todos: lo único que importa es un debate bueno y abierto. En el siglo XX, con el advenimiento de los movimientos por los derechos de las mujeres, la filosofía se ha convertido en una disciplina en la que se admiran y respetan las contribuciones de las mujeres. Pioneras como Simone de Beauvoir **abogaron** por la igualdad entre sexos y los derechos de las mujeres en el trabajo, la educación y el hogar.*

Vocabularios

sin rodeos bluntly
cálido, cálida warm
criar to raise
sobrecogedor overwhelming
(el) traductor, (la) traductora translator
(el) ciudadano, (la) ciudadana citizen
(el) juicio trial
(el) peso weight
(el) aula (f.) classroom
(la) valía worth, value
abogar to stand up for, to intercede

SEGUNDA PARTE: CÓMO FUNCIONA LA FILOSOFÍA

CAPÍTULO UNO: LÓGICA

Después de que el profesor Aymard resumiera la clase del día, Inés, Garcín y Estela van a una sala de estudio de la universidad. El profesor Aymard les ha puesto algunos deberes después de su clase de lógica.

Profesor Aymard: Hay mucho más que se podría decir sobre la lógica. De hecho, ¡podríamos dar un curso completo! Es una de las principales ramas de la filosofía: la ciencia del argumento y el pensamiento racional y la decisión de si un argumento es válido o no válido. Pero también es bastante única en el sentido de que es una herramienta, en lugar de un conjunto de preguntas, aunque podríamos hacer preguntas filosóficas sobre la lógica. Las preguntas filosóficas que nos hicimos se centran en argumentos lógicos. No os dejéis intimidar por ello. Es solo otra forma de pensar las cosas.

Inés, Garcín y Estela salen de clase. Ha sido un tema difícil, ¡y necesitan aclararlo en sus mentes!

Garcín: ¡Nunca pensé que la filosofía sería como las matemáticas!

Inés: Se parece un poco a las matemáticas, pero no es lo mismo. Se trata principalmente de letras, aunque gran parte de las matemáticas también son letras. El profesor Aymard nos propuso algunos ejercicios sencillos para completar.

Estela: ¿Sencillos? Me duele la cabeza. No puedo pensar así. Me gusta escribir ensayos y tener debates, no decidir a dónde se supone que deben ir P y Q.

Inés: P y Q, o cualquier letra que elijamos, son solo formas de representar los argumentos. Es como cuando el álgebra usa letras para derivar fórmulas generales para problemas matemáticos. Con la lógica, usamos símbolos para representar los argumentos. No os dejéis intimidar por ello.

Estela: Pero no es como escribir un ensayo, ¿verdad?

Inés: Pero tus ensayos también deben tener argumentos lógicos. Así es como funciona la filosofía. Los argumentos lógicos se derivan unos de otros punto por punto. Se llega a una conclusión razonando. Una cosa lleva a la otra y así sucesivamente. No podemos llegar a una conclusión sin premisas.

Estela: ¿Puedes ayudarme, Inés? Realmente no lo entiendo. Hay muchas palabras que no entiendo.

Inés: Muy bien, veamos el primer problema en la página de preguntas. Tenemos que decidir si el argumento es válido o no. «Si la criatura en la **caja** tiene ocho **patas**, es una araña. La criatura en la caja tiene ocho patas. Por lo tanto, la criatura en la caja es una araña». ¿Es válido o inválido?

Estela: No estoy segura. Las arañas tienen ocho patas, pero eso no significa necesariamente que la criatura en la caja tenga ocho patas, ¿verdad? Podría ser una araña a la que le falta una pata. No lo sabemos.

Inés: Es mucho más fácil plantearlo en forma lógica. Podemos usar una tabla de verdad, como la que el profesor Aymard nos mostró en la clase de hoy.

p	q	$p \rightarrow q$
V	V	V
V	F	F
F	V	V
F	F	V

tabla de verdad, "Modus Ponens"

Estela: Eso es matemáticas, ¿no?

Inés: No exactamente. Pero la estructura del argumento se puede plantear **sustituyendo** las palabras por símbolos. Entonces, en este caso, tenemos una proposición como punto de partida: «Si la criatura en la caja tiene ocho patas, es una araña». Esto tiene la forma: «Si… entonces». Tomemos eso como punto de partida, pero olvidémonos de las cajas y las arañas. Digamos que «P»: «Tener ocho patas», y «Q»: «Ser una araña». De esta manera, podemos estructurar el argumento de la siguiente forma: «si P, entonces Q». Podría usarse para cualquier conjunto de oraciones que tengan la misma forma lógica. Trata de olvidarte de lo que se está diciendo y concéntrate en la estructura del argumento.

Estela: Muy bien, es decir, «si P, entonces Q». ¿Qué viene después?

Inés: Bueno, «la criatura de la caja tiene ocho patas». Entonces, sabemos que «P» es verdadera.

Estela: En ese caso, si P, entonces Q; P, por lo tanto, Q. Lo que la hace válida.

Inés: Es difícil. La criatura de la caja a la que nos referimos quizá no tiene ocho patas. Quizá es una araña, pero tal vez perdió una pata o le creció una extra. No podemos estar seguros de la verdad de lo que se dice. Pero la estructura del argumento es válida, sí. Las proposiciones conducen a la conclusión, al menos en su forma lógica.

Estela: Pero no importa cuáles sean las palabras reales del argumento.

Inés: No, la clave de la lógica es olvidar el contenido y centrarse en la estructura. Eso es lo que les interesaba a filósofos como Russell y Wittgenstein. Querían crear lenguajes perfectamente lógicos que pudieran resolver los problemas de la filosofía **de una vez por todas.**

Estela: Entonces, ¿qué es un argumento válido?

Inés: Un argumento válido es aquel en el que si todas las premisas son verdaderas, entonces la conclusión sigue necesariamente. Se podría decir mucho más sobre la lógica. Hay diferentes formas de argumentos, y también está la cuestión de la solidez y la falta de solidez.

Garcín: ¿Qué significa eso?

Inés: Un argumento que es válido y tiene premisas

verdaderas es un argumento sólido. Lo opuesto es un argumento poco sólido: uno que no es válido y tiene al menos una premisa falsa. Tomemos el ejemplo clásico de un argumento sólido: todos los hombres son mortales. Sócrates es un hombre, por lo tanto, Sócrates es mortal. Las dos premisas son verdaderas y conducen a una conclusión verdadera: el argumento es sólido. Pero tomemos este otro ejemplo: todos los gatos son rojos, Mitones es un gato, por lo tanto, Mitones es rojo. En este ejemplo, el argumento es válido, pero no sólido, porque no todos los gatos son necesariamente rojos. Funciona en el caso específico, pero queremos ejemplos universales.

Estela: Entonces, ¿el ejemplo anterior no es sólido? ¿El de las arañas?

Inés: Así es, no necesariamente funciona para el contenido del argumento, pero la estructura es válida.

Garcín: Voy a necesitar leer mucho más sobre esto.

Estela: Yo también.

Inés: La mejor manera de hacer lógica es practicarla. Los filósofos han estado usando la lógica desde el principio. Aristóteles desarrolló gran parte de las ideas que influyeron en su desarrollo. Estaba interesado en cómo evaluamos los argumentos y cómo se desarrollaba la forma de los argumentos.

Garcín: No creo que podamos escapar de pensar lógicamente, Estela...

Estela: Creo que tienes razón, Garcín...

> *Datos clave:*
>
> - *La lógica es el estudio de cómo funcionan los argumentos y cómo se construyen. La lógica estudia el razonamiento para ayudar a reconocer argumentos buenos y malos, pero también hay preguntas filosóficas sobre la lógica. Por ejemplo, ¿puede haber una situación en la que 2+2 no sea igual a 4? Cada argumento tiene una estructura lógica que se traduce en un lenguaje simbólico y se analiza para determinar su eficacia. La lógica es una herramienta para los filósofos, pero también es esencial en la vida cotidiana. Los argumentos se usan en todas partes: por políticos, en periódicos, por anunciantes... Evaluar esos argumentos y reconocer si son buenos o malos, válidos o inválidos, sólidos o no, es esencial si queremos construir buenos argumentos por nuestra cuenta. La lógica es esencial, incluso si parece muy diferente a otras **ramas** de la filosofía.*

Vocabulario

(la) caja box
(la) pata leg (of an animal)
sustituir to replace
de una vez por todas once and for all
(la) rama branch

CAPÍTULO DOS: EXPLICACIÓN DE LAS TEORÍAS ÉTICAS

*Inés, Garcín y Estela asisten a una clase de teorías éticas. El profesor Aymard está recopilando a todos los diferentes pensadores que se han encontrado durante el curso y **añadiendo** algunos nuevos.*

Profesor Aymard: Los seres humanos se han **comportado** éticamente desde que nuestros antepasados caminaron por la tierra por primera vez. El individuo que dijo por primera vez «esto es correcto o incorrecto» fue el primero en hacer una declaración ética y adoptar una forma particular de ver la moralidad. En realidad no fue tan simple, por supuesto. Pero esa es la idea. Cuando hacemos un juicio moral, cuando decimos «esto es correcto o incorrecto», estamos presentando una opinión ética. Seamos conscientes o no, estamos posicionándonos a favor de una teoría ética en concreto. Estamos eligiendo una postura particular a tomar.

Inés: La ética está en todas partes. Cada juicio que hacemos es ético.

Profesor Aymard: Bueno, quizás tengas razón. Si decido tomar este **bolígrafo**, ¿es un juicio moral?

Garcín: Depende de para qué vayas a usar el bolígrafo.

Profesor Aymard: Precisamente. Este bolígrafo podría

usarse para escribir una **lista de la compra**. En ese caso, la decisión de recogerlo tiene poca relación ética, a menos que comprara algo controvertido, como un abrigo de piel. Pero si el bolígrafo se usara para firmar una sentencia de muerte, eso sería un asunto completamente diferente. Pero tienes razón, Inés, casi todas las decisiones o juicios que tomamos son éticos. Y por eso entender la ética es tan importante. Pero recordad también la diferencia entre acciones y consecuencias. Coger el bolígrafo puede no ser una acción motivada por la ética si simplemente voy a escribir una lista de la compra, a menos que tal vez haya robado el bolígrafo. Pero si la consecuencia de coger el bolígrafo es la firma de una sentencia de muerte, eso cambia las cosas considerablemente.

Garcín: Podría haber una decisión ética en cualquier cosa, ¿verdad?

Profesor Aymard: Potencialmente, sí. Y por eso es tan importante considerar la toma de decisiones éticas. No podemos escapar del hecho de que usamos la ética todos los días y, lo sepamos o no, también se están tomando decisiones éticas a nuestro alrededor.

Inés: Pero ¿cómo sabemos qué teoría ética elegir? ¿Y la gente realmente piensa así? Yo no tomo decisiones basándome en una teoría. Lo hago en base a lo que creo que es correcto.

Profesor Aymard: Pero ¿cómo sabes lo que crees que es correcto? Empecemos por el principio. Las teorías éticas se pueden dividir en dos categorías generales. <u>Deontológicas y consecuencialistas</u>. Las teorías éticas deontológicas examinan las acciones que emprendemos, y las teorías consecuencialistas examinan las consecuencias de esas acciones. Si bien todas las teorías éticas se centran en el resultado, algunas se concentran más en el proceso que en la consecuencia. Kant prefería el examen de las acciones sobre las consecuencias. Entonces, si siempre fuera correcto decir la verdad, deberíamos hacerlo sin importar cuáles fueran las consecuencias. Pero la alternativa, dicho con crudeza, sería decir que el fin justifica los medios. Que la consecuencia es más importante que la acción.

Garcín: ¿No deberíamos analizar las dos? ¿Por qué tiene que ser una u otra? Lo pensaba antes, y lo sigo pensando ahora.

Profesor Aymard: A lo largo de los años, muchos filósofos han dado prioridad a una sobre la otra. Tienes razón, Garcín, en un mundo ideal consideraríamos ambas. Pero las cosas pueden complicarse cuando lo hacemos, al igual que pueden complicarse si no lo hacemos. Tomemos el siguiente ejemplo: decides hacer **trampas** en un **ensayo** y le pides a otra persona que lo escriba por ti. La acción en sí puede considerarse incorrecta, pero la consecuencia es que obtienes una buena calificación, lo cual es bueno. Pero ahora piensa en un segundo ejemplo: tú eres quien ayuda a tu amigo escribiendo el ensayo. La acción en sí es buena; estás ayudando a tu amigo, pero la consecuencia es que logra una mejor nota de la que merece y, posteriormente, suspende el curso cuando no es capaz de mantenerse al día. ¿Ves las diferentes perspectivas? Es mucho mejor dar prioridad a alguna que tratar de considerar ambas.

Garcín: Eso tiene sentido. Pero ambas perspectivas tienen sus problemas.

Profesor Aymard: Sin duda los tienen. ¿Recuerdas el problema con la teoría de Kant? Mentirle a un asesino que persigue a tu amigo está mal, incluso si la consecuencia para tu amigo es bastante desagradable. Y, en contraste, una teoría como el utilitarismo, que persigue «el mayor bien para el mayor número», puede tener consecuencias terribles para el individuo. A veces, una teoría ética puede verse bien en la superficie, pero pronto aparecen **grietas**.

Inés: ¿Qué otras teorías éticas existen?

Profesor Aymard: Otra teoría ética, más cercana al utilitarismo, es una idea del siglo XX desarrollada por un hombre llamado Joseph Fletcher. El título de su libro es *Ética situacional*. El principio básico es «hacer las cosas más amorosas». Es un intento de ir más allá de las conclusiones bastante duras a las que el utilitarismo puede llevarnos.

Estela: Era cristiano, ¿verdad? Suena como «ama a tu **prójimo**».

Profesor Aymard: Sí, aunque luego se convirtió en ateo. Y no debemos olvidar que el cristianismo es, en parte, una teoría ética. Las enseñanzas de Jesús son un marco moral por el que vivir. Jesús llamó a los pobres «bienaventurados» y enseñó a sus seguidores a poner la otra **mejilla**. Nietzsche reaccionó enérgicamente contra esto. Dijo que el cristianismo había invertido lo que él llamaba la moral del amo a favor de la moral del esclavo. Argumentó que las virtudes como la fuerza, el poder y la autodeterminación eran las disposiciones verdaderamente morales.

Estela: Pero ¿qué hay de la ética situacional?

Profesor Aymard: Perdonadme, **aprovecho** cualquier oportunidad para hablar de Nietzsche. Sí, la ética situacional era completamente cristiana, pero tiene un defecto importante: ¿quién decide realmente cuál es el resultado más amoroso? ¿Es amoroso ver morir a una persona para salvar a cien? ¿Es amor negar un tratamiento médico muy costoso a una persona para que cien puedan recibir atención básica por el mismo precio? ¿Es amoroso iniciar una guerra que mate a un millón de personas para preservar la paz en el resto del mundo? El amor no es necesariamente un buen principio rector. Y pensadlo de esta manera, ¿no intentaremos siempre ayudar o salvar a la persona o personas que amamos? La ventaja de las teorías éticas anteriores es que estaban separadas de tales emociones.

Garcín: Pero ¿cómo podríamos tomar este tipo de decisiones sin involucrar nuestras emociones?

Profesor Aymard: No podemos evitar que nuestras emociones entren en juego. Por mucho que tratemos de separarnos de la situación, siempre tendremos una respuesta emocional. Ese es el problema con las teorías prescriptivas, como la de Kant. Siempre hay un factor desconocido: nuestras emociones. Pero hay otra forma de pensar sobre la ética que quizá prefiráis.

Inés: Cualquier cosa que nos permita pensar por nosotros mismos, en lugar de prescribir lo que debemos hacer.

Profesor Aymard: Recordad a Aristóteles.

Estela: ¡La ética de la virtud! Cultivar nuestro carácter entre los extremos del exceso y el defecto.

Profesor Aymard: Buena memoria, Estela. Mientras

que algunas teorías éticas examinan las acciones o las consecuencias de esas acciones, la ética de la virtud se concentra en el carácter del individuo. Al cultivar nuestras virtudes, el ético de la virtud afirmará que siempre actuaremos de la manera correcta y con las consecuencias correctas.

Garcín: Entonces, ¿es posible tener ambas?

Profesor Aymard: Es posible desarrollar un carácter que sea consciente de ambas, sí. Piensa en entrenar para un maratón. El corredor no se levanta de la cama una mañana y corre sin problemas. Se necesitan meses de entrenamiento. Desarrollar un carácter ético es lo mismo. Requiere un entrenamiento cuidadoso, y siempre está la posibilidad de fracasar. Al desarrollar nuestro carácter, lo que seguramente nos lleva toda la vida, aprendemos a responder moralmente a las situaciones en las que nos encontramos.

Inés: Por lo tanto, ¿a veces estamos destinados a hacer las cosas mal?

Profesor Aymard: Es inevitable. No podemos esperar responder siempre de la manera correcta a las situaciones en las que nos encontramos, pero podemos aprender, para bien o para mal, cuál podría ser la forma correcta de comportarnos. Es una cuestión de cultivar la virtud. Aristóteles enseñó que todas las virtudes, como la bondad, la paciencia o la valentía, tienen su exceso y su defecto. Podemos ser temerarios o cobardes, por ejemplo.

Estela: Pero algunas virtudes son más fáciles de practicar que otras. Puedo practicar ser amable la mayor parte del tiempo, pero no siempre puedo practicar el coraje.

Profesor Aymard: Eso es muy cierto. Ninguna teoría ética está exenta de defectos.

Datos clave:

- *Las teorías éticas se pueden dividir en tres categorías principales: basadas en la acción, basadas en las consecuencias y basadas en la virtud. Las teorías basadas en la acción, o éticas deontológicas, ponen el énfasis en lo correcto o incorrecto de la acción. La teoría ética de Kant es un ejemplo de una teoría ética basada en la acción. Las decisiones éticas se basan únicamente en un examen de la acción en sí. Las teorías éticas consecuencialistas examinan las consecuencias de nuestras acciones para decidir si son correctas o incorrectas. El utilitarismo es un ejemplo de una teoría ética consecuencialista y basa las decisiones éticas en si producen el mayor bien para el mayor número. La ética de la virtud se ocupa del carácter de una persona y de cómo se desarrolla ese carácter. El ético de la virtud defenderá que la toma de decisiones éticas se puede aprender de acuerdo con nuestro propio carácter. Las teorías éticas pueden resultar controvertidas cuando se aplican a situaciones específicas. Las formas teóricas de pensar a menudo se desmoronan cuando se enfrentan a situaciones de la vida real. Teorías como la ética situacional han intentado combatir esto, aunque también tienen sus defectos.*

Vocabulario

añadir to add
comportarse to behave
(el) bolígrafo pen
(la) lista de la compra shopping list
(la) trampa trap
(el) ensayo essay
(la) grieta fissure
(el) prójimo neighbor
(la) mejilla cheek
aprovechar to take benefit

CAPÍTULO TERCERO: ÉTICA APLICADA

Después de la clase del día, Inés, Garcín y Estela van al Café de Flore. La clase fue sobre ética aplicada y están discutiendo algunos de los temas planteados por el profesor Aymard.

Profesor Aymard: La aplicación de teorías éticas a situaciones de la vida real es un tema controvertido, como hemos visto en nuestra discusión sobre inteligencia artificial. Estos son temas difíciles y emocionales. Seguramente, todos os enfrestasteis a dilemas éticos en algún momento de vuestras vidas. Son inevitables. Podríamos preguntarnos si la filosofía realmente tiene algo que decir frente a los dilemas de la vida real. Kant nos dice que está mal mentirle al asesino que busca a nuestro amigo, pero ¿no le mentiríais en la vida real? La ética aplicada es la forma en que vamos más allá de la teoría y comprobamos la viabilidad de esas teorías en situaciones del mundo real. Y sí, la filosofía *puede* ayudarnos en estas situaciones. Encontramos dilemas éticos en los hospitales, las **empresas**, los tribunales de justicia… En cualquier lugar donde se tomen decisiones que afecten a personas reales.

Garcín: Entonces, es muy práctica, pero ¿alguna vez da respuestas reales? Hemos visto muchos ejemplos en los que el debate nunca termina. ¿La gente alguna vez toma una decisión definitiva?

Profesor Aymard: Una buena pregunta, y la respuesta, te complacerá saberlo, Garcín, ¡es sí! Hay personas en este mismo momento que aplican la teoría ética, en cualquiera de sus formas, a situaciones de la vida real. Un médico que delibera sobre el precio y la efectividad del tratamiento de un paciente con una enfermedad potencialmente mortal, por ejemplo. O un agricultor que decide si usar cultivos genéticamente modificados y reflexiona sobre el coste ambiental frente a sus ganancias. O el juez que decide si el culpable en un juicio merece ir a la **cárcel** o hacer trabajos comunitarios. Decisiones como estas, para bien o para mal, se toman todos los días. Seguro que a vosotros también se os ocurren ejemplos propios.

Inés: Pero, ¿es tan simple como aplicar las teorías éticas que hemos aprendido a las situaciones que encontramos?

Profesor Aymard: Otra buena pregunta. En los ejemplos que acabo de dar, dudo que las personas involucradas conozcan la teoría de la virtud de Aristóteles. No se trata de tomar la situación y forzarla a través de un proceso para llegar a una conclusión. Pero lo sepan o no, cada uno de las personas que decide *está* aplicando un proceso ético de toma de decisiones. Algunos consideran las acciones, otros consideran las consecuencias y otros se consideran a sí mismos. No estoy diciendo que las decisiones que toman sean necesariamente correctas, pero *toman* una decisión. La aplicación de la ética aplicada varía. Algunas organizaciones se lo toman muy en serio e incluso emplean a especialistas en ética para que les ayuden a reflexionar sobre dilemas complejos.

Garcín: Pero aplicar teorías éticas no debe ser nada fácil. ¿La mayoría de la gente no toma decisiones basándose en la emoción?

Profesor Aymard: Mucha gente lo hace. Pero eso no es necesariamente algo bueno. Pensadlo de esta manera. Ha habido un accidente de tráfico. Varias personas están gravemente heridas. Un médico llega para tratar a los heridos. Se da cuenta de que su esposa era pasajera en uno de los coches y tiene un feo **moretón** en la pierna. Él se apresura y la trata de inmediato, simplemente porque es su esposa. Mientras tanto, el conductor de otro automóvil, con quien el médico no tiene ninguna conexión, está inconsciente y necesita atención urgente. En esta situación, la emoción impediría que se trate al paciente correcto. Necesitamos la visión objetiva para lograr el resultado correcto.

Garcín: Pero se podría argumentar de otra manera. Al ayudar a su esposa, está asegurando su propia felicidad y la de su familia. Está pensando en diferentes consecuencias.

Profesor Aymard: Desde una perspectiva individual, sí, es cierto. Pero un tema importante en la ética aplicada es la aplicación de la objetividad. Tenemos que mirar más allá de nosotros mismos para ver lo que exige la situación. No es fácil y, a menudo, cometemos errores. Pero pensar las cosas correctamente es la clave para aplicar el pensamiento ético a las situaciones que encontramos. ¡Hasta la próxima, buenas tardes!

Inés, Garcín y Estela abandonan la clase. Llegan al Café de Flore y se sientan.

Inés: Sentí que realmente aplicamos la filosofía a las ideas del mundo real.

Estela: Yo también. Fue fascinante ver cómo las teorías éticas pueden usarse para ayudar a tomar decisiones sobre problemas del mundo real.

Garcín: ¡Por fin la filosofía sirve para algo!

Inés: No crees eso de verdad, Garcín. Has disfrutado el curso, lo sabemos..

Garcín: Sí, estoy **bromeando**. Ahora entiendo la importancia de la filosofía. Nos ayuda a pensar en el mundo que nos rodea. Pero la ética es particularmente aplicable a situaciones del mundo real. Debe haber cientos de decisiones éticas que se toman cada minuto. El profesor Aymard nos lo dijo. ¿Cómo toman decisiones difíciles las personas sin una filosofía que las ayude?

Inés: Me pareció muy interesante aplicar las teorías a situaciones de la vida real. Pero no creo que la mayoría de la gente piense así. La mayoría de las decisiones se toman **de improviso**. No necesariamente las pensamos demasiado o decidimos actuar en función de lo que dijeron Aristóteles, Kant o los utilitaristas. Es como tú dijiste, Garcín: las emociones **mandan**.

Estela: El profesor Aymard dijo lo mismo. Pero también dijo que una buena formación filosófica puede ayudarnos a pensar las cosas sin darnos cuenta de que lo estamos haciendo. La mayoría de las personas responden emocionalmente, pero a veces nuestras emociones pueden superarnos. Siempre debemos tratar de pensar las cosas de manera racional y tomar la decisión correcta, que podría no ser la más beneficiosa para nosotros a nivel personal. Ahí es donde entra la ética aplicada.

Inés: Nunca imaginé que las teorías éticas pudieran aplicarse en tantas áreas: medicina, derecho, medioambiente, política, economía… ¡Están en todas partes!

Roberto trae una bandeja con bebidas. Es un día caluroso en París e Inés, Garcín y Estela agradecen tener una algo frío para refrescarse.

Roberto: ¿Cuál ha sido el tema de hoy? ¿Más Sartre?

Garcín: No, nada de Sartre. Ética aplicada. Hemos hablado de inteligencia artificial.

Roberto: Estoy seguro de que hubo opiniones muy fuertes.

Inés: ¿Por qué dices eso?

Roberto: Bueno, la ética aplicada usa la filosofía en situaciones del mundo real. Las personas suelen tener opiniones firmes sobre ese tipo de temas. La guerra, la medicina, el medioambiente... Sobre todas estas cosas, a la gente le encanta estar en desacuerdo y discutir. Es porque son importantes.

Estela: Por eso el profesor Aymard esperó hasta ahora para dar esta clase. Dijo que hemos aprendido la importancia de un debate respetuoso. La filosofía no consiste en **gritar** más fuerte que el otro. Se trata de escuchar lo que otras personas dicen y responder de manera apropiada.

Roberto: Tienes toda la razón. Es importante aprender a debatir como es debido antes de participar en debates sobre temas emocionales. ¿Qué aprendisteis sobre la inteligencia artificial?

Garcín: Nos preguntamos: ¿deberíamos ser amables con los robots?

Roberto: ¡Me gusta! ¿Qué pensáis vosotros?

Inés: Yo argumenté que ser amable siempre es lo correcto. No importa si es con otra persona, un animal o un robot. Siempre es correcto ser amable. Sé que todos dirán que estoy de acuerdo con Kant, pero, en este caso, no veo motivos para ser **maleducada** con un robot. Si soy amable todo el tiempo, si ese es mi imperativo categórico, entonces no importa con qué o quién esté siendo amable, sino el hecho de serlo.

Roberto: ¿Pero sabe el robot realmente que estás siendo amable con él? Si le digo al robot «tráeme un **trago**», ¿es diferente de decir «tráeme un trago, por favor»? Si un robot no puede sentir nada, no puedo ofenderlo ni ponerlo triste. Ha sido creado para traer bebidas. Es un robot que sirve bebidas. ¿De qué sirve decir por favor o gracias?

Inés: Pero supongamos que tuviera sentimientos. ¿Y entonces qué? Tú eres el existencialista, Roberto. Si te tratara como un robot que sirve bebidas en lugar de como a un ser humano, te sentirías bastante mal. Si la existencia precede a la esencia, como dijo Sartre, entonces el robot existe antes de estar hecho para servir bebidas.

Roberto: Es un buen argumento, pero los robots no son seres humanos. El robot que sirve bebidas se hizo para servir bebidas. Las palabras de Sartre no se le aplican. Su existencia y su esencia son las mismas cosas. De lo contrario, sería amable con él... aunque solo porque podría volverse en mi contra.

Garcín: Eres un consecuencialista. Yo dije lo mismo. Si ser amable con el robot impide que él y todos los demás robots se rebelen y se apoderen del mundo... Bueno, esa es una buena razón para ser amable. Pero tienes razón, Roberto, todo depende de si el robot sabe que estoy siendo amable con él o no. Está hecho para traer bebidas. Eso es lo que hace. Un ser humano no está hecho para hacer nada. Nos creamos a nosotros mismos y nuestras propias identidades.

Estela: Yo pensé que interactuar con el robot sería una buena forma de cultivar virtudes. Podría practicar ser amable, generosa o justa. No importa si el robot sabe lo que estoy haciendo o no. Puede ayudarme a ser una mejor persona. ¿Crees que algún día los robots podrán sentir emociones y pensar por sí mismos?

Garcín: Ya lo hacen hasta cierto punto. Los ordenadores de ajedrez pueden vencer a los oponentes humanos, y las redes sociales pueden predecir las cosas que queremos ver y comprar.

Estela: Pero eso no es lo mismo que pensar como nosotros. No es lo mismo que sentirse feliz o triste. Un ordenador no puede sentir esas cosas, incluso si está programado para responder respuestas predeterminadas sobre la felicidad o la tristeza. Eso no es lo mismo que sentir.

Roberto: Pero ¿qué quieres decir con «pensar», Estela? Un ordenador puede pensar si hablamos de dar resultados a partir de datos introducidos. Puede decirnos que 2+2=4. Pero eso no es lo mismo que sentir una emoción y responder a ella. Me alegro de que los ordenadores no puedan pensar, ¡y desde luego no seré amable con mi **ordenador portátil** cuando se bloquee por **enésima vez** esta noche!

Roberto vuelve detrás del mostrador.

Inés: Algunos de los temas que analizamos fueron realmente difíciles de discutir. Es difícil hablar de situaciones que afectan a personas reales. No envidio a las personas que tienen que tomar decisiones éticas en la vida real, especialmente en medicina.

Garcín: ¿Te refieres a médicos y gente así? Los médicos hacen un **juramento** hipocrático. Prometen no causar daño jamás.

Estela: Pero eso también puede ser difícil. Es como Joseph Fletcher y su «actúa de forma amorosa». ¿Qué entendemos por «daño»? Si un médico tiene veinte pacientes para cuidar y uno le quita todo el tiempo a expensas de los demás, entonces ¿qué?

Inés: No envidio esa decisión. Pero tendría que tomarla. Tendría que decidir cuáles serían las consecuencias de no dedicar tanto tiempo al cuidado de una persona.

Garcín: O cuáles serían las consecuencias de descuidar a los demás.

Inés: Exactamente. Creo que uno de los temas más importantes en la ética aplicada hoy en día es el medioambiente. La ética médica o empresarial puede afectar a ciertas personas, pero las preguntas sobre el medioambiente nos afectan a todos. ¿Deberíamos seguir utilizando **combustibles** fósiles? ¿Deberíamos tomar vuelos baratos? ¿Deberíamos comer una dieta vegetariana? Son preguntas importantes que tienen consecuencias para el futuro de todos.

Garcín: No dejaré de comer carne. No tengo coche y voy caminando a todas partes en París. Pero me gusta mi comida, ¡especialmente el *steak tartar*!

Estela: Me sorprende que comas el *steak tartar*. ¿No es carne cruda? ¡Suena horrible!

Garcín: Es cierto, pero es delicioso. Hay un restaurante junto al Sena que hace el mejor que he probado nunca. Me encantaría comer uno ahora mismo.

Inés: Entonces, ¿no renunciarías a la carne para ayudar al medioambiente o por el bien de las generaciones futuras?

Garcín: No veo qué diferencia supone mi renuncia a la carne cuando hay personas que vuelan por todo el mundo generando enormes **huellas de carbono** y grandes empresas que queman combustibles fósiles para obtener ganancias. No puedo cambiar nada.

Inés: Pero si todos lo hiciéramos, podríamos. Los pequeños cambios pueden tener un gran impacto cuando todos hacemos un esfuerzo. Pero estoy de acuerdo, es difícil ver el propósito de hacer algo cuando el beneficio económico parece tener prioridad ante los problemas ambientales.

Estela: Pero, al mismo tiempo, todos queremos vivir un cierto tipo de estilo de vida. No comer carne puede parecer algo digno de hacer, pero se necesitará un cambio mucho más radical para combatir el desastre ambiental al que nos enfrentamos.

Garcín: Me pregunto qué diría Kant.

Estela: Ya sabes lo que diría: aplica un imperativo categórico. «Cuida siempre el medioambiente». Podría ser uno. Pero es difícil aplicar una ética puramente basada en la acción a una situación ambiental. Es posible que muchas acciones no sean malas en sí mismas, como comer una sola **porción** de *steak tartar*, por ejemplo, pero las consecuencias podrían ser nefastas si continuamos comiendo carne al ritmo que lo hacemos.

Garcín: Entonces, la ética aplicada consiste en determinar si es más importante la acción o las consecuencias. A veces es la acción en sí misma y a veces es la consecuencia de esas acciones lo que importa.

Estela: Yo diría que sí. En este caso, conocemos las consecuencias si no alteramos nuestras acciones. Pero lo que lo hace más difícil es que no se trata solo de individuos. Todos necesitamos cambiar nuestras acciones para evitar las consecuencias.

Inés: Da miedo pensar en lo que podría pasar si no lo hacemos. Una cosa es pensar en ello, pero otra es ver cómo sucede.

Estela: Exactamente, ese es el desafío de la ética aplicada. Ya no es solo filosofía de sillón…

Datos clave:

- *La ética aplicada es una amplia área de estudio que abarca temas tan diversos como la medicina, el derecho, el deporte, la política y el medioambiente. La aplicación de teorías éticas, como la ética basada en la acción, el consecuencialismo o la teoría de la virtud, a situaciones éticas de la vida real, puede producir resultados interesantes. A menudo, los temas tratados son controvertidos y producen **acalorados** debates. Es importante participar en discusiones con la mente abierta, incluso si no estamos de acuerdo con las personas con las que debatimos. Es natural asumir que la mayoría de las decisiones éticas se basan en una respuesta emocional, pero no pensar objetivamente sobre las situaciones que encontramos puede tener consecuencias problemáticas.*

Vocabulario

(la) empresa company
(la) cárcel jail
(el) moretón bruise
bromear to joke
de improviso unexpectedly
mandar to be in charge
gritar to shout
maleducado, maleducada rude, impolite
(el) trago drink, nip
(el) ordenador portátil laptop
(la) enésima vez umpteenth time
(el) juramento oath
(el) combustible fuel
(la) huella de carbono carbon footprint
(la) porción piece
acalorado, acalorada heated

CAPÍTULO CUATRO: FILOSOFÍA DE LA RELIGIÓN

Inés, Garcín y Estela visitan la Catedral de Notre Dame para ver las obras de reconstrucción tras el devastador incendio. Se sientan en un banco en la Plaza Juan Pablo II y discuten su reciente clase sobre filosofía de la religión.

Estela: Me encanta Notre Dame. Recuerdo la primera vez que mis padres me trajeron a verla cuando era una niña. Es una pena que esté cerrada en este momento. Me pregunto cómo será tras la restauración.

Inés: Escuché que hubo mucha controversia sobre cómo restaurarla. Algunas personas quieren reconstruirla exactamente como estaba y otras prefieren un diseño completamente nuevo, que refleje una perspectiva moderna.

Estela: Supongo que eso no es tan diferente de la religión en sí. Algunas personas se **aferran** a puntos de vista tradicionales y otras quieren modernizar las creencias para que se ajusten a los tiempos cambiantes. ¿Qué os pareció la clase de filosofía de la religión? ¿No es sorprendente cómo la religión todavía tiene tanto impacto en el mundo en que vivimos? En Europa vivimos en una sociedad muy laica, pero incluso aquí la religión sigue desempeñando un papel importante, al igual que en otras partes del mundo.

Garcín: La clase me pareció muy interesante. Hasta ahora, había pensado que la filosofía de la religión solo tenía argumentos a favor de la existencia de Dios, como los que aprendimos cuando estudiamos filosofía medieval.

Estela: Pero es mucho más que eso. Algunos temas de la filosofía de la religión son el lenguaje religioso, cómo hablamos de Dios, el problema del mal, los **milagros** y si Dios existe.

Inés: ¿Crees en los milagros, Estela? Sé que eres cristiana, pero ¿de verdad crees en todos los milagros que se dice que sucedieron?

Estela: Es difícil creer en todos los milagros que se han documentado. Algunas cosas que en su momento fueron consideradas milagros ahora se explican con evidencias científicas. Otras siguen sin explicación. Pero creo que algunas personas han sido curadas milagrosamente, y que hay milagros que no tienen otra explicación que la de que sean, bueno... ¡milagrosos!

Garcín: Supongo que todo se reduce a las **pruebas**. Eso es lo que dirían los empiristas.

Inés: Entonces, ahora estás del lado de los empiristas, ¿no?

Garcín: No necesariamente. Pero David Hume definió un milagro como una «violación de las leyes de la naturaleza». Siempre será más probable que las leyes de la ciencia no hayan sido violadas. Entonces, con toda probabilidad, la mayoría de las afirmaciones de milagros están equivocadas, porque nunca hay pruebas suficientes.

Estela: Sin embargo, no descartas por completo la posibilidad, ¿verdad? Y depende de aceptar su definición de que un milagro es algo que va en contra de la forma en que generalmente se perciben las cosas. Entonces, por ejemplo, si el agua extingue el fuego noventa y nueve veces de cada cien, pero en el centésimo intento no lo hace, ¿es eso un milagro?

Garcín: Un milagro es un acto de Dios, pero eso también depende de la existencia de Dios. En la Biblia, un evento milagroso siempre se atribuye a Dios.

Inés: Por lo tanto, necesitamos probar la existencia de Dios antes de poder hablar de manera significativa sobre Dios realizando milagros.

Garcín: Pero ¿podemos hablar de Dios de manera significativa? Ese es el punto de partida de la filosofía de la religión. ¿Tiene algún sentido hablar de Dios, del cielo o de milagros? ¿Recordáis la teoría correspondentista de la verdad? Dice que si algo no se corresponde con cómo son las cosas en el mundo, entonces no podemos hablar de ellas de manera significativa. En otras palabras, no puedo ver el cielo ni experimentarlo por mí mismo, por lo que hablar de ello no tiene sentido. Eso es lo que dirían algunas personas. ¿Recordáis a Wittgenstein?

Estela: Pero sí hablamos de estas cosas. Tenemos conceptos de ellas. Imaginamos a Dios, el cielo y los milagros. *Hablamos* de ellas.

Garcín: Pero hay una diferencia entre hablar de cosas que se corresponden con la forma en que es el mundo y de cosas más allá de nuestra experiencia. Los racionalistas se dieron cuenta de eso. Descartes creía en Dios, pero no lo experimentaba. Creía en Dios porque su razón se lo decía.

Inés: El problema es que usamos este tipo de lenguaje todo el tiempo. No diferenciamos entre la forma en que hablamos de la iglesia que tenemos frente a nosotros y lo que representa. También hay una diferencia en para qué sirve el lenguaje. Pensadlo de esta manera: si la ciencia hace preguntas sobre «cómo» funciona el mundo, la religión y la filosofía hacen preguntas sobre «por qué» funciona así.

Estela: El profesor Aymard puso el ejemplo del **claro** del bosque. Dos exploradores están en la **selva** y se encuentran con un claro abierto con flores y **maleza**. Uno de los exploradores afirma que debe haber un jardinero que viene a cuidar las plantas; el otro lo niega. Esperan y observan, pero no viene ningún jardinero. El primer explorador sugiere que el jardinero podría ser invisible. El segundo lo niega.

Garcín: No entendí ese ejemplo.

Estela: Es de un filósofo británico llamado John Wisdom. La cuestión es: ¿cómo se distingue a un jardinero invisible de uno inexistente? Se trata de la percepción y de cómo interpretamos las cosas. Uno de los exploradores interpreta lo que ven como evidencia del jardinero; el otro lo niega. ¿Podemos argumentar en contra de una interpretación? El lenguaje religioso es igual. Es una forma particular que tenemos de organizar nuestras visiones del mundo.

Garcín: ¿Algo así como ver las cosas a través de una lente determinada?

Estela: Exactamente. Lo que decimos o pensamos sobre la religión tiene sentido en el contexto de cómo vemos el mundo. Si estás predispuesto a no creer en Dios, entonces no verás a Dios **obrando** en el mundo. Pero si eres cristiano, interpretarás el mundo a través de la lente del cristianismo. Todos tenemos formas de pensar las cosas, y esas cosas no siempre tienen sentido para los demás. Yo soy cristiana, así que pienso en las cosas a través de una lente cristiana, pero un budista vería las cosas de manera muy diferente.

Inés: No hemos hablado sobre el budismo ni ninguna otra filosofía oriental. Solo nos hemos fijado en el pensamiento occidental. Es fácil olvidar que las personas en otras partes del mundo han pensado de manera muy diferente sobre estas preguntas. Y no solo sobre religión. Toda su perspectiva filosófica nos parecería muy diferente.

Garcín: ¿Cómo?

Inés: Bueno, un ejemplo es el tiempo. En el pensamiento occidental, el tiempo a menudo se considera lineal; va en **línea recta**. Pero en el pensamiento oriental, generalmente se considera cíclico. Eso tiene implicaciones en la forma en que vemos nuestras vidas. En Occidente, a menudo pensamos que nuestras vidas tienen un principio y un final, pero en el pensamiento oriental, la vida se piensa como un círculo.

Estela: ¿Es eso del todo cierto? Seguramente la gente en Occidente veía ciertas cosas como cíclicas. Nietzsche creía en la idea del eterno retorno: que cuando morimos, repetimos nuestras vidas exactamente de la misma manera que antes. Maquiavelo también pensaba que el tiempo podía ser cíclico.

Inés: Quiero decir que era, y sigue siendo, la opinión predominante. No digo que todos pensaban así. ¿Pero recuerdas lo que dijo Heráclito? No puedes bañarte en el mismo río dos veces. Todo está en un estado de constante cambio y movimiento. La forma más fácil de pensar en ello es con una línea que va hacia adelante. Tal vez sea incorrecto aplicar esas etiquetas de una línea recta y un círculo a algo que no es físico. Pero ayuda a imaginarlo.

Garcín: Y mucho arte oriental representa círculos. Lo vi mucho cuando visité Tailandia hace unos años. Tiene que ver con la reencarnación, ¿no?

Inés: En el hinduismo, se conoce como *samsara*: el ciclo de nacimiento, muerte, vida y renacimiento. Algunas tradiciones creen que el renacimiento tiene lugar en una forma diferente. Un animal diferente, tal vez. Ver el tiempo como cíclico también significa ver el mundo y cómo funciona de manera diferente. Nuestras vidas reflejan el cambio del mundo. Todo es cíclico. Algunos de los primeros filósofos griegos también creían esto.

Estela: Las **estaciones** son así. También la forma en que el mundo gira alrededor del sol. Hay muchas cosas cíclicas en la naturaleza. Me gustaría aprender más sobre eso.

Inés: A mí también. Me pregunto si el profesor Aymard podrá contarnos más sobre el tema.

Garcín: Muchos de los temas deben ser los mismos. Incluso si hay diferentes perspectivas.

Inés: Como el problema del mal.

Garcín: Hablamos de eso en la clase de Leibniz, ¿verdad?

Inés: Así es, pero el problema del mal es una pregunta que los filósofos y teólogos siguen debatiendo. Es esencial para la filosofía de la religión. Si Dios creó el mundo, y si Dios es todopoderoso y bondadoso, ¿por qué existe maldad en el mundo?

Garcín: Tal vez Dios no es todopoderoso ni bondadoso, o tal vez la idea de que Dios quiere prevenir el mal es incorrecta.

Inés: Pero entonces, ¿qué nos queda? El cristianismo enseña que Dios es todopoderoso y bondadoso, por lo que el problema del mal es un problema muy real si eres creyente. ¿Qué opinas, Estela?

Estela: Definitivamente es un problema. Un gran problema. Pero estás **olvidando** que Dios nos da libre albedrío. La libertad de elegir entre el bien y el mal. ¿Recuerdas a Tomás de Aquino y la ley natural? Nuestra conciencia puede llevarnos a la decisión correcta, pero no puede obligarnos a hacer lo que es mejor.

Garcín: Entonces, ¿existe el mal porque algunas personas eligen cometer actos malvados?

Estela: Esa es una forma de verlo. Es como el poema épico de John Milton, *El paraíso perdido*. Cuenta la historia de Adán y Eva y su expulsión del jardín del Edén por comer el fruto prohibido del árbol. Es una historia sobre la lucha entre el bien y el mal. San Ireneo[4] dijo que el libre albedrío era algo bueno. Usarlo nos da la oportunidad de crecer y aprender.

---

[4] San Ireneo fue un antiguo obispo cristiano (nacido en el 130 d. C.) que hizo mucho por definir la teología y la enseñanza de la Iglesia. Originario de lo que ahora es Turquía, pasó gran parte de su ministerio en la actual Francia.

Necesitamos experimentar el bien y el mal para ayudarnos a ser mejores personas. Pero nos coloca en una posición de responsabilidad sobre nuestras propias elecciones, tal como Adán y Eva descubrieron por sí mismos en el libro del Génesis.

Inés: Entonces, ¿no podríamos entender el bien sin el mal?

Estela: Así es, aunque san Agustín decía que el bien y el mal no eran fuerzas opuestas. El mal es la ausencia de bien, de la misma manera que la **oscuridad** es la ausencia de luz. No tiene sentido negar el mal. Lo podemos ver en todas partes: la guerra, el crimen, la desigualdad entre las naciones… Supongo que la cuestión es cómo respondemos. Si podemos vivir una buena vida, entonces podremos **vencer** el mal que existe en el mundo poco a poco.

Garcín: ¿Y qué hay de Dios? ¿Sigue siendo completamente benévolo y todopoderoso?

Estela: John Hick, un filósofo y teólogo del siglo XX, pensaba en ello de esta manera. El mal es algo que hay que vencer. ¿Recuerdas lo que dijo Leibniz? Este es «el mejor de los mundos posibles», pero eso no significa que sea perfecto. Es de suponer que Dios podría haber creado un mundo sin maldad, pero ¿sería benévolo convertirnos a todos en robots morales que siempre hacen el bien? ¿No es mejor dejarnos tomar nuestras propias decisiones sobre lo que está bien y lo que está mal?

Inés: Lamentablemente, no siempre lo hacemos bien.

Estela: No, ¡y ahí es donde entra la filosofía!

Garcín: ¡Otro uso práctico para la filosofía!

Datos clave:

- *La filosofía de la religión abarca temas tan diversos como el lenguaje religioso, los milagros y el problema del mal. No se ocupa solo de los argumentos a favor de la existencia de Dios, y tampoco se ocupa solo de las cuestiones relativas al cristianismo. Paralelamente al desarrollo de la filosofía occidental, la filosofía oriental es un tema fascinante que ha sido muy estudiado. Las tradiciones religiosas del budismo, el hinduismo, el sijismo, entre otras, han producido tradiciones filosóficas paralelas propias.*

Vocabulario

aferrarse to hang on
(la) prueba evidence
(el) claro clearing
(la) selva rainforest, jungle
(la) maleza weeds
obrar to behave, to act
(la) línea recta straight line
(la) estación season
olvidar to forget
(la) oscuridad darkness
vencer to beat

CAPÍTULO CINCO: ESTÉTICA

Después de clases, Inés, Garcín y Estela van a visitar el Museo del Louvre. Van a ver una exposición de arte moderno, así como ciertas pinturas comentadas por el profesor Aymard en su reciente clase de estética.

Profesor Aymard: La estética es una de las ramas antiguas de la filosofía. Desde que el ser humano fue más allá de la mera supervivencia hasta la creación de objetos puramente por placer, la estética ha existido. Las antiguas pinturas **rupestres** de Lascaux, en la Dordoña, son uno de los primeros ejemplos que tenemos de seres humanos que crean imágenes con el propósito de deleite estético. Nuestro viejo amigo Friedrich Nietzsche dijo una vez que «sin música, la vida sería un error». Yo agregaría que sin arte, música, pintura, escultura y teatro, nuestras vidas serían más pobres. La estética no consiste solo en apreciar algunas pinturas; habla de nuestro propio ser. Somos criaturas que vemos la belleza en el mundo que nos rodea, y el estudio de la estética nos ayuda a apreciar esa belleza por lo que es.

Inés: ¿Porque la belleza no es solo arte?

Profesor Aymard: Exacto. Piensa en tu **paisaje** favorito. El mío es un campo de **girasoles** en la Provenza, o las montañas nevadas de los Alpes. Hay tanta belleza allí como en una de las grandes pinturas que veréis hoy en el Louvre. Hubo un tiempo en que la estética se reducía a la filosofía del arte, pero las preguntas que se hacen ahora los que estudian la estética son más amplias: ¿qué es el arte? ¿Cuándo es arte? ¿Cómo es el arte? ¿Por qué es arte? Es el estudio de nuestros sentidos. ¡Conozco a un filósofo que escribió un excelente artículo sobre la teoría del gusto de Kant en relación con el vino! Y eso me lleva a mi último punto. Os he dado una lista de pinturas que mirar, y algunas preguntas para considerar mientras lo hacéis. El Louvre es una galería clásica. No encontraréis mucho arte «moderno» en ella, pero sí algunos de los grandes clásicos de la pintura europea, y podéis decidir por vosotros mismos lo que pensáis de ella. Buenas tardes, ¡y espero que disfrutéis de las delicias del Louvre!

Inés, Garcín y Estela salen de la clase y caminan juntos hacia el Louvre, una de las grandes galerías de París y del mundo. ¡Entran gratis porque tienen menos de veintiséis años!

Garcín: Entonces, ¿hoy haremos filosofía por nosotros mismos?

Inés: Así es. ¿Puedes creer que he vivido en París durante dos años y nunca he estado en el Louvre?

Estela: No puedes hablar en serio. Debo haber estado aquí cien veces. Me encanta explorar diferentes partes del museo. Hay mucho que ver, no solo las pinturas más famosas.

Garcín: Pero eso es lo que vamos a hacer hoy. El profesor Aymard nos dio una lista de pinturas que ver y algunas preguntas para responder.

Estela: Preguntas para pensar, no para responder. ¡Sabes que nunca hay respuestas a las preguntas, solo posibilidades!

Inés, Garcín y Estela caminan por el museo. Su primera parada es el retrato de la Mona Lisa.

"Mona Lisa" obra de Leonardo da Vinci (entre 1503 y 1506)

Inés: La verdad es que no me gusta. No me gusta su expresión, la forma en que está vestida ni... casi nada.

Estela: ¿No te gusta la *Mona Lisa*? ¿Cómo puedes decir eso? Es una **obra maestra**. Es la mejor pintura de Da Vinci. Es... una **obra de arte**. ¡Es *la* obra de arte!

Garcín: ¿Pero no estamos aquí para eso? Se supone que estamos hablando de estética y filosofía del arte. El gusto es una parte de eso. ¿Por qué a algunas personas les gustan ciertas obras de arte y a otras no les gustan? ¿Qué hace que una pintura sea hermosa? El hecho de que mucha gente piense que esto es la obra de un genio no significa que nosotros pensemos igual.

Inés: Exactamente. Todos percibimos la belleza de diferentes maneras. Al menos... reconocemos la belleza de diferentes maneras. Es como la comida. A algunas personas les gusta un sabor, a otras les gusta otro. No significa que ninguno de esos gustos sea malo, solo que diferentes personas tienen diferentes preferencias.

Garcín: Como dijo Platón... Esta pintura puede tener características que la hacen hermosa, pero eso no significa que sea completamente hermosa. Depende de cómo la miremos.

Inés: Y se trata de confiar en nuestros **sentidos**. O reconocer que nuestros sentidos pueden decirnos cosas diferentes sobre el mismo objeto. Cuando miro este cuadro, veo algo que no me gusta, pero cuando Estela lo mira, ve algo que sí le gusta.

Garcín: ¿Entonces la belleza está en el ojo del que mira?

Inés: ¡Esa es una forma de verlo! ¿Qué es lo siguiente en la lista del profesor Aymard?

Estela consulta la lista que el profesor Aymard les ha dado.

Estela: *Vista de un interior*, por Samuel van Hoogstraten, también conocido como *Las **zapatillas***.

"The Slippers" obra de Samuel van Hoogstraten (entre 1642 y 1678)

Garcín: Me gusta, pero no muestra demasiado, ¿verdad? Es solo una vista de una habitación con un par de zapatillas junto a la puerta.

Estela: Podría ser tu dormitorio, Garcín.

Garcín: Exactamente, no muestra nada importante. Es solo una habitación con algunos **muebles**. Está bien pintado, pero eso es todo.

Inés: Pero ¿es ese el objetivo del arte? ¿Mostrar cosas significativas? ¿Qué hay de las pinturas abstractas o las esculturas modernas? ¿Qué representan? De nuevo, ¿no se trata solo de si te gusta o no?

Estela: ¿Y a qué nos referimos con arte, para empezar? Esa es una de las preguntas del profesor Aymard. ¿El arte es lo que se cuelga en una galería como esta? ¿No es arte lo que nosotros decidimos que sea?

Garcín: Esto es arte. Pinturas y esculturas. Cosas expuestas en museos. Eso es arte.

Inés: Solo porque nosotros decimos que lo es. Y algunas obras de arte son controvertidas. ¿Habéis oído hablar sobre Marcel Duchamp? Fue un artista francés que exhibió un urinario en una galería de arte y lo llamó una obra de arte.

Garcín: Eso es muy extraño. No puede ser arte.

Inés: Fue comprado por casi dos millones de dólares. Es uno de los primeros ejemplos de arte contemporáneo. Pero no creo que nunca vaya a ser exhibido aquí. Todo depende de cómo definas al arte.

Estela: Hay una obra más en nuestra lista. Rápido, vamos a verla.

Inés, Garcín y Estela se abren paso a través de la galería hasta la última obra de arte que el profesor Aymard les ha recomendado que vean.

Inés: Una escultura.

Garcín: *La* escultura. Es la *Venus de Milo*, la escultura más famosa del mundo, junto al *David* de Miguel Ángel.

Inés: Me pregunto por qué quería que la viéramos. Es

hermosa, bueno, la cara es hermosa, y el cuerpo también. Pero está **rota**. No hay brazos.

Estela: Quizá esa es la cuestión. Algunas personas pueden decir que está incompleta y preguntar si una obra de arte incompleta se sigue considerando una obra de arte.

Garcín: Pero no se creó para ser una obra de arte, ¿verdad? Quiero decir, esta es una estatua de una diosa, ¿no? Probablemente sea Venus. Cuando se creó, se hizo para la adoración. Ponerla en un museo significa que la vemos como una obra de arte, pero en realidad es algo bastante diferente. Me pregunto qué pensaría el escultor si la viera ahora. Lo mismo ocurre con una gran cantidad de arte para iglesias. Las cosas destinadas a las iglesias se colocan en los museos. Cambiamos su utilidad.

Inés: Pero también las preservamos. No está bien dejar obras de arte en lugares donde no se pueden cuidar adecuadamente. Quizá cambia la forma en que las vemos, pero significa que se conservan para que la gente pueda verlas. Creo que es importante.

Estela: Pero ¿puede el artista o el creador decidir cómo ven los demás la obra que ha creado? El escultor quizás hace esta estatua para el culto, pero la vemos de manera diferente. Hay distintas formas de ver una obra de arte. El artista puede decirnos lo que pretendía, pero nosotros podemos decirle al artista lo que vemos.

Garcín: Una mujer sin brazos…

Inés: Pero sigue siendo muy hermosa. Vamos, todavía hay mucho que ver.

Datos clave:

- *La estética es la rama de la filosofía que se ocupa de las cuestiones relacionadas con el arte y la belleza. En los últimos años, se ha ampliado para incluir cuestiones relacionadas con los sentidos y el gusto. La estética no solo se ocupa de las pinturas y las cosas tradicionalmente descritas como arte, sino que se preocupa por nuestra percepción del mundo y por qué percibimos las cosas como lo hacemos. Recientemente, el concepto de lo que se considera «arte» ha sido desafiado por los movimientos modernos que han llevado la visión tradicional del arte a nuevos extremos. Lo que es y lo que no es arte se basa en una relación entre el artista y el observador, y la definición de arte se desafía constantemente **a medida que** se exploran y superan nuevos límites creativos.*

Vocabulario

rupestre cave
(el) paisaje landscape
(el) girasol sunflower
(la) obra maestra masterpiece
(la) obra de arte artwork
(el) sentido sense
(la) zapatilla sneaker
(el) mueble forniture
roto, rota broken
a medida que as, while

CAPÍTULO SEIS: FILOSOFÍA POLÍTICA

Inés, Garcín y Estela caminan por las salas de conferencias de la universidad. Algunos estudiantes protestan y uno de ellos le entrega a Estela un folleto que explica el motivo de la protesta.

Estela: Están protestando contra el aumento de las **tasas** de matrícula. Este folleto dice que han aumentado un diez por ciento en el último año, pero las **becas** con las que podemos estudiar no han aumentado para igualarlas.

Inés: Parece que tendré que hacer más turnos en el restaurante para pagar la subida de precios.

Garcín: ¿Qué restaurante? No sabía que trabajabas en un restaurante. ¡Conseguiste un trabajo y no nos lo contaste!

Inés: Me dieron el trabajo el sábado después de ir a una entrevista. Solo he hecho dos turnos hasta ahora. Es el *Chat Noir*, el bistró de la *rue* Arbre Vert. Hacen un maravilloso *soufflé* de queso. Se suponía que solo iba a trabajar los viernes y sábados por la noche, pero parece que tendré que pedir más horas.

Estela: Tendremos que ir a comer allí. ¡Me encanta el *soufflé* de queso!

Garcín: Y yo tendré que pedirles a mis padres otro **préstamo**...

Inés: Tú también podrías conseguir un trabajo, Garcín. No vas a morirte por ello. ¿Por qué no le preguntas a Roberto si hay algún trabajo disponible en la cafetería? Estoy segura de que estarían encantados con la ayuda.

Garcín: Nunca he tenido trabajo. Solo he querido ser periodista. No quiero servir tartas y lavar platos.

Inés: No podemos hacer solo los trabajos que queremos hacer. A veces tenemos que ganar dinero.

Garcín: Y ser esclavos del capitalismo. No, gracias.

Estela: Eso lo has sacado de la clase del profesor Aymard sobre filosofía política. Suenas como Karl Marx.

Garcín: No soy comunista. Pero creo que no está bien que tanta gente viva solo para trabajar. Hay gente explotada en todo el mundo. Nos vendemos por un pequeño **sueldo**.

Estela: Pero todos estamos atrapados en el mismo sistema. No podemos escapar de tener que usar el dinero, o de vivir bajo el imperio de la ley. Todos somos individuos, pero formamos parte de un colectivo. ¿No es eso lo que significa ser ciudadano?

Garcín: Estoy realmente interesado en este tema. Me encantaría ser periodista político algún día. Un ciudadano tiene ciertos derechos por ser parte de una sociedad, pero también tiene ciertos deberes.

Inés: Eso es lo que entendemos como un <u>contrato social</u>, ¿verdad?

Garcín: Exactamente. No es como un contrato que firmamos, pero es una forma de pensar sobre nuestros derechos y obligaciones como ciudadanos en una sociedad. Por ejemplo, pagamos **impuestos**. Estos financian cosas como hospitales, escuelas y pensiones. El Estado tiene la obligación de hacer cosas como defendernos o vacunarnos contra enfermedades. Pero al ser parte de un Estado, también renunciamos a ciertas cosas en beneficio de otros.

Inés: ¿Qué quieres decir? ¿A qué renunciamos?

Garcín: Bueno, estamos de acuerdo en acatar la ley. No puedo conducir un coche a doscientos kilómetros por hora en París. Eso sería violar la ley, y podría ser castigado por hacerlo. Renuncio a ciertas libertades porque hacerlo es beneficioso para la sociedad en su conjunto. Si todos condujeran a doscientos kilómetros por hora en París, ¡tendríamos un problema!

Inés: Pero ¿quién decide cuáles son esos deberes y beneficios? Como has dicho, no es un contrato que firmemos. No podemos elegir obedecer las normas o no. ¿Qué impide que alguien hambriento de poder tome el control?

Garcín: John Locke, el empirista, argumentó a favor del contrato social. Pero afirmó que un gobierno solo puede actuar con la voluntad del pueblo en su conjunto. En otras palabras, abogó por la democracia. En aquel momento, la democracia era una idea radical. Dar votos a la gente y gobernar por mayoría era una idea relativamente nueva. Incluso en países aparentemente democráticos, solo unos pocos, los ricos y poderosos, podían votar. La gente común **apenas** participaba.

Estela: ¿Y ahí es donde entra la revolución? Como aquí en Francia, donde la gente común se vio sin la posibilidad de alimentarse o encontrar empleo. Acusaron a las clases aristocráticas de vivir en el **lujo**, mientras que el pueblo se moría de hambre.

Inés: Lo mismo ocurrió en Rusia. Durante el siglo XIX y principios del XX, la gente común de toda Europa se desilusionó con la forma en que eran gobernados por una élite con poder alejada de las necesidades de la mayoría. Buscaron sistemas políticos radicalmente diferentes, como el comunismo, como medio para derrocar lo que una vez se había dado por sentado.

Garcín: Hay muchas ideas sobre cómo gobernar, pero en la práctica, todas tienen sus problemas. En *La república* Platón argumentó que los filósofos deberían ser reyes, pero eso es solo otra forma de dictadura.

Estela: ¿No sería un filósofo un buen candidato para ser rey? Creo que el profesor Aymard sería ideal.

Garcín: ¡Ja! ¡Obligaría a todos a leer a Nietzsche! Pero ¿la cuestión no es que una persona no puede hablar por todos? Es lo opuesto a la democracia, aunque la democracia tal como existe hoy en día no es lo mismo que en Atenas.

Inés: ¿Cómo? Pensé que los griegos inventaron la democracia.

Garcín: Vivimos en una democracia representativa. Votamos por una persona que vote en nuestro nombre en el gobierno. Y depende de la zona en la que vivimos. Hay representantes de todas las partes de Francia que se reúnen para tomar decisiones. Pero en la antigua Grecia, la democracia la formaban ciertos hombres que votaban por las cosas que querían. No era un asunto de la gente común, solo de los poderosos.

Inés: Pero el sistema que tenemos es el más popular del mundo, ¿verdad? La democracia, quiero decir.

Garcín: Sin duda, es a lo que aspiran muchos países. Pero hay todo tipo de gobiernos. Todavía hay países comunistas, dictaduras, monarquías absolutistas y países donde el derecho al voto se limita solo a ciertos individuos.

Estela: Actuar en el interés de la mayoría suena más bien a utilitarismo…

Garcín: Tienes razón, y ahí es donde pueden venir los problemas. ¿Quién puede decir qué es lo que interesa a la mayoría? Jean-Jacques Rousseau fue un filósofo suizo que también creía en la teoría del contrato social. Pero, a diferencia de otros teóricos, también estaba interesado en preservar la libertad individual. Argumentó que, como parte del contrato social, un individuo debe entregarse totalmente a la comunidad en la que vive. La libertad se encontraba en conformarse a la voluntad del colectivo. Para mí, eso suena exactamente opuesto a la libertad. ¿Quién puede decir cuál es la voluntad general del pueblo? Tienes razón, Estela, suena como defender el bien mayor para la mayoría, y eso cuestiona la libertad del individuo.

Inés: Me alegro de que vivamos en un país donde somos libres de vivir de la manera que queramos y disfrutar de derechos, además de tener responsabilidades. Tenemos leyes que nos protegen y se aseguran de que vivamos en una sociedad justa.

Estela: No necesariamente. Cada país tiene sus defectos, y Francia ha tenido sus problemas en el pasado y en el presente. Se trata más de a qué aspiramos.

Garcín: La justicia es otro tema importante en la filosofía política. En un contrato social, cada uno de nosotros tiene que creer que la sociedad en la que vivimos es justa y que seremos tratados de manera justa.

Inés: Eso comienza con la igualdad. La declaración de independencia de los Estados Unidos dice eso. Viví en California cuando era niña y lo aprendimos de memoria: «Sostenemos que estas verdades son evidentes por sí mismas, que todos los hombres son creados iguales, que están dotados por su Creador de ciertos Derechos inalienables, que entre estos se encuentran la Vida, la Libertad y la búsqueda de la Felicidad». Hoy diríamos personas en lugar de hombres.

Garcín: John Rawls decía algo similar. Decía que, cuando se establece un contrato social, se debe gestionar la sociedad prestando atención únicamente a la idea de igualdad. No se debe prestar atención a la forma en que son las personas, ni a su riqueza o estatus. Da un ejemplo de la justicia como equidad. Una sociedad justa es aquella en la que los recursos se distribuyen por igual, y cada persona tiene un derecho básico a la libertad.

Inés: Está muy bien argumentar a favor de estas ideas, pero suenan más a una <u>utopía</u> que a una realidad.

Estela: Ese es el problema con todas estas teorías. Suenan bien, pero la realidad puede ser muy diferente. La naturaleza humana significa que no siempre nos comportamos como se espera que nos comportemos.

Garcín: Bueno, la palabra «utopía» significa «ningún lugar». Tomás Moro escribió un libro llamado *Utopía* y ese era precisamente su argumento. Es un ideal, pero no existe. La sociedad perfecta de una persona es la idea del infierno de otra. Tal vez la política siempre sea una cuestión de compromiso, y también depende de que las personas cumplan con su parte del contrato.

Datos clave:

- *La filosofía política es una asignatura que no solo abarca sistemas políticos como la democracia o el comunismo, sino también conceptos como la libertad, la justicia y el estado de derecho. La mayoría de los teóricos políticos ha propuesto un «contrato social», por el cual un individuo renuncia a ciertos derechos a cambio de ciertos privilegios y protecciones. El alcance de lo que se renuncia y lo que se da a cambio es un tema de debate. Las cuestiones planteadas por la filosofía política han sido relevantes desde que los seres humanos superaron el estado de subsistencia y se organizaron en unidades sociales.*

Vocabulario

(la) **tasa** fee
(la) **beca** scolarship
(el) **préstamo** loan
(el) **sueldo** salary
(el) **impuesto** tax
apenas barely
(el) **lujo** luxury

TERCERA PARTE: EL EXAMEN FINAL

EL FINAL DEL CURSO

Inés, Garcín y Estela asisten a su última clase con el profesor Aymard antes de ir a repasar para el examen. Todos están tristes porque su viaje de descubrimiento terminó, pero están deseando continuar sus estudios. Habrá un examen y los tres han estudiado mucho.

Profesor Aymard: Siempre es una pena cuando el curso llega a su fin. Aprendo tanto de vosotros como espero que vosotros hayáis aprendido de mí. Espero que hayáis descubierto que la filosofía es un diálogo y que, seas profesor o estudiante, todo el mundo tiene algo que **aportar**. El examen final pondrá a prueba vuestros conocimientos sobre todo lo que hemos aprendido: la historia de la filosofía desde los antiguos griegos hasta la actualidad, y los temas que hemos tratado a medida que aplicamos ideas filosóficas a debates actuales.

Inés: ¿Qué tipo de preguntas habrá?

Profesor Aymard: La mayoría de los exámenes evalúa vuestro conocimiento de un tema en particular u os pide aplicar una forma de razonamiento a un problema determinado. Pero los exámenes de filosofía son un poco diferentes. Imaginad que pregunto: ¿qué es el mal? ¿Cuál sería una buena respuesta?

Estela: ¿Es la ausencia del bien?

Profesor Aymard: Esa es *una* respuesta, y el comienzo de algo más. Las preguntas suenan como si os invitaran a dar solo vuestra opinión, pero la habilidad será relacionar las opiniones de otros y **tejerlas** en una respuesta que refleje vuestro propio **entendimiento**. Algunas preguntas pueden simplemente pediros que describáis el pensamiento de Nietzsche, por ejemplo, sobre un tema en particular. Pero otras serán más amplias: ¿por qué deberíamos hacer lo correcto? ¿Qué es la belleza? ¿Existe la verdad?

Inés: Parece que tenemos mucho que **repasar**.

Estela: No puedo creer todo lo que he aprendido.

Inés: No me había dado cuenta de cómo todo está conectado. Todo tiene sentido. Al menos eso me parece.

Profesor Aymard: La filosofía es un viaje. A diferencia de otras asignaturas, en Filosofía no hay un momento en el que sepas todo lo que hay que saber sobre un tema determinado. Incluso alguien como yo, que ha estudiado filosofía toda su vida, puede tener nuevas ideas o ver las cosas de diferentes maneras. Por eso es tan emocionante. ¡Nunca llegas al final!

Garcín: Entonces, ¿qué viene después?

Profesor Aymard: ¡Eso depende de ti!

Inés, Garcín y Estela salen de la clase y caminan juntos hacia el Café de Flore, donde se encuentran con Roberto.

Roberto: Es la última clase, ¿verdad? ¿El profesor Aymard está preparando vuestro **temido** examen?

Estela: Yo no le tengo miedo. Hemos aprendido mucho.

Es solo repasar todo y aprobar el examen.

Roberto: ¡Solo bromeo! Estoy seguro de que todos lo haréis genial. ¡Os traeré tarta!

Garcín: Voy a escribir un artículo sobre el curso para el periódico de la universidad. Quiero que todos sepan por qué deberían estudiar filosofía.

Inés: No hay duda de que tu opinión de la filosofía ha cambiado. ¿No te alegras ahora de haberte apuntado al curso?

Garcín: ¡Me alegro mucho!

Estela: Yo también. Me encantaría seguir aprendiendo.

Inés: Podemos seguir aprendiendo. Hay muchos libros disponibles sobre todos los temas que hemos tratado. Además, podemos hablar de filosofía cuando queramos.

Estela: Entonces, ¡el curso fue solo el comienzo!

Inés: ¡Exacto!

Inés, Garcín y Estela están haciendo el examen. Todos han trabajado duro durante el curso y han pasado muchas horas estudiando. Garcín, en particular, se sorprende de lo mucho que ha disfrutado de una asignatura que creía que no era para él.

Garcín (en sus pensamientos): ¿Es real esta sala de examen? Es una de esas preguntas de las que el profesor Aymard nos advirtió. Tengo que razonar a través de la pregunta y aplicar lo que he aprendido al problema, además de lo que otros filósofos han dicho al respecto. Entonces, esta es una pregunta sobre... racionalismo y empirismo, ¿verdad? Claro, ¡eso es! ¿Es real la sala de examen? Bueno... Descartes cuestionaría si puedo confiar en mis sentidos para decirme si es real o no. Puedo dudar de mis sentidos y dudar de que la habitación exista. Pero los empiristas dirían lo contrario. Un empirista argumentaría que puedo confiar en mis sentidos, incluso aunque la información no sea del todo precisa. ¡De eso trata la pregunta! Entonces también puedo aplicar el pensamiento de Kant... Creo que defenderé la posición escéptica. Dudaré de que la habitación exista, pero luego hablaré de Wittgenstein y de lo que podemos estar seguros…

Después del examen, Inés, Garcín y Estela van al Café de Flore para comer una merecida porción de tarta.

Inés: ¿Qué preguntas respondisteis? Me pareció que había bastantes opciones, ¿verdad?

Estela: Respondí a una pregunta sobre la filosofía de la religión, la del problema del mal. Y también respondí a la pregunta sobre las mujeres en la filosofía y la pregunta sobre la lógica.

Inés: ¿Hiciste la pregunta sobre lógica? Bien hecho. Pensé que te había resultado la parte más difícil del curso.

Estela: Así es, por eso fue la que más repasé. ¿Y tú, Garcín? ¿Qué preguntas elegiste?

Garcín: La que preguntaba si la habitación es real. Era un debate entre racionalistas y empiristas. Desarrollé el debate en ambas direcciones, y hablé de la síntesis de Kant de las dos posturas. Disfruté mucho escribiendo. Sé que suena extraño, ¿no? Después de todo, ¿a quién le gustan los exámenes?

Inés: Fue diferente a otros exámenes. Sentí que era como tener una conversación con un amigo. Estaba debatiendo conmigo misma y con otros filósofos y escribiendo lo que todos decían.

Garcín: ¡No puedo creer lo mucho que he **disfrutado** el curso!

Roberto llega a la mesa con sus bebidas.

Roberto: Entonces, ¿ahora qué? ¿Volveréis a vuestros cursos anteriores? Este ya lo habéis terminado.

Estela: Estoy segura de que este curso me hará ser mejor maestra. Estoy deseando compartir las ideas que he aprendido con mis alumnos.

Inés: Y yo sé que me ayudará a pensar mejor en todo lo que aprenda en el futuro. He aprendido a razonar y a pensar bien las cosas.

Roberto: ¿Y tú, Garcín? ¿Qué vas a hacer con lo que has aprendido?

Garcín: De hecho, hablé con el profesor Aymard esta tarde después del examen. Le pregunté si podía continuar bajo su supervisión. Voy a hacer un proyecto de investigación sobre Nietzsche. Ya no estoy tan seguro de que el periodismo sea para mí. Tal vez me convierta en académico.

Inés: ¡Garcín, no puedo creerlo!

Garcín: Bueno, si algo he aprendido de la filosofía, es que siempre te puedes llevar una sorpresa al descubrir lo que piensan otras personas. ¡Y lo que hacen!

Roberto: Felicidades, Garcín. Tal vez algún día serás tú quien enseñe el curso…

Vocabulario

aportar to contribute
tejer to weave
(el) entendimiento understanding
repasar look over, skim through
temido, temida feared
disfrutar to enjoy

GLOSARIO

Analítica: tradición en filosofía que surgió en el mundo anglosajón. Se ocupa en gran medida de la lógica y las teorías del conocimiento.

Ápeiron: Anaximandro creía que la sustancia subyacente del mundo era el ápeiron. Significa «ilimitado» o «indefinido». Es lo que conforma todo.

Cartesiano: en relación con Descartes.

Consecuencialista: teoría ética que se centra en las consecuencias de una acción para determinar el valor moral.

Continental: tradición en filosofía asociada al existencialismo y la fenomenología. Se diferencia de la filosofía analítica.

Contrato social: idea política expuesta por varios pensadores, entre ellos Thomas Hobbes y John Locke. En un contrato social, un ciudadano renuncia a ciertos derechos mientras obtiene la protección y los privilegios del Estado.

Cosmológico: relacionado con el origen del universo.

Cínica: escuela de pensamiento similar al estoicismo, en la que el propósito de la vida es la búsqueda de la virtud en armonía con la naturaleza.

Credo de Nicea: expresión de la fe cristiana, se recita en las iglesias durante la misa de los domingos. Fue desarrollado a partir del Concilio de Nicea en el 325 d. C.

Deontológico: teoría ética que da prioridad a las acciones sobre las consecuencias.

Dorada medianía/Término medio: idea de la ética de la virtud de Aristóteles. La dorada medianía es el promedio entre virtudes excesivas y deficientes. La valentía, por ejemplo, sería el término medio entre la cobardía y la temeridad.

Dualista: creencia de que la mente y el cuerpo son entidades separadas.

El imperativo categórico: certeza moral aplicable en todo momento, en todo lugar y a todos los pueblos. Asociado con Immanuel Kant.

Empirismo: lo opuesto al racionalismo. Los empiristas enfatizan la importancia de los sentidos como medio para obtener un conocimiento real sobre el mundo.

Epicureísmo: escuela filosófica de pensamiento que da prioridad a la búsqueda del placer, particularmente el placer intelectual.

Escolástica: movimiento filosófico dominante durante el período medieval. La filosofía se subordinó a la teología y se utilizó como herramienta para la apologética cristiana.

Estética: filosofía del arte. La estética hace preguntas sobre la belleza y sobre en qué consiste el arte. También considera el papel de los sentidos y las teorías del gusto y las preferencias.

Estoicismo: escuela filosófica de pensamiento que enseñaba la necesidad de cultivar las virtudes para alcanzar el bien último.

Ética situacional: teoría ética desarrollada por Joseph Fletcher en la década de 1960. Sostiene que «hacer lo más amoroso» es el único criterio para la toma de decisiones éticas.

Existencialista/Existencialismo: escuela de pensamiento en filosofía que defiende que «la existencia precede a la esencia». Los existencialistas creen que una persona no se define por lo que hace, sino por lo que es.

Fenómeno: aspectos observables del mundo, cognoscibles a través de los sentidos. Por ejemplo, un árbol.

Hedonistas/Hedonismo: visión filosófica que pone el énfasis en la búsqueda del placer mundano. Específicamente, el hedonismo es una teoría moral que valora la acción de acuerdo con el placer que surge de ella.

Idealista/Idealismo: visión filosófica de que los objetos en el mundo que nos rodea dependen de la actividad de la mente. El obispo George Berkeley fue un defensor del idealismo.

La cosa en sí misma: esencia subyacente de una cosa, particularmente asociada con Immanuel Kant.

Lógica: estudio de los argumentos racionales y la estructura del razonamiento.

Mónadas: teoría de Leibniz de la sustancia última e indivisible subyacente de todo. Las mónadas son entidades teóricas.

Noúmeno: la cosa en sí misma, cómo es realmente algo. Por ejemplo, lo que significa ser un árbol.

Ontológico: en relación con el ser.

Panteísmo: visión que define a Dios como idéntico al universo. Spinoza es un ejemplo de panteísta.

Panteón: en la religión antigua, un panteón era un grupo de dioses, a menudo representados con forma humana y con roles particulares que desempeñar. Por ejemplo, en la religión griega antigua, Zeus era gobernante de los dioses y dios del cielo

Racionalista: posición filosófica que enfatiza el uso de la razón para llegar a conclusiones definitivas. La cita «Pienso, luego existo» de Descartes es un ejemplo de filosofía racionalista.

Síntesis: Kant pensaba que nuestra experiencia y nuestra razón operan una síntesis entre percepciones y conceptos. Un concepto sin experiencia es solo fantasía, mientras que la experiencia sin conceptos es imposible de entender.

Tabula rasa: una «pizarra en blanco». John Locke argumentó que al nacer, nuestras mentes son una pizarra en blanco que espera llenarse de conocimiento a través de los sentidos. No nacemos con un conocimiento innato.

Teodicea: intento de explicar la bondad de Dios frente a la existencia del mal.

Trinidad: creencia de que Dios es uno y trino: Padre, Hijo y Espíritu Santo.

Utilitarismo: teoría ética que considera «el mayor bien para el mayor número» como criterio para resolver cuestiones morales.

BIBLIOGRAFÍA SELECCIONADA

Ayer, Alfred Jules. *Hume*. Oxford University Press. (1980).

Blackburn, Simon. *Oxford Dictionary of Philosophy*. Oxford University Press. (1994).

Blackburn, Simon. *Think*. Oxford University Press. (1999).

Cessario, Romanus. *Introduction to Moral Theology*. The Catholic University of America Press. (2001).

Critchley, Simon. *Continental Philosophy, a Very Short Introduction*. (2001).

Davies, Brian. *An Introduction to the Philosophy of Religion*. Oxford University Press. (1982).

Davies, Brian. *Philosophy of Religion, a Guide and Anthology*. Oxford University Press. (2000).

Davies, Stephen. *The Philosophy of Art*. Blackwell Publishing. (2006).

Ed. LaFollette, Hugh. *Ethics in Practice*. Blackwell Publishing. (2007).

Eds. Ariew, Roger & Watkins, Eric. *Modern Philosophy. An Anthology of Primary Sources*. Hackett Publishing. (1998).

Guthrie, W.K.C. *The Greek Philosophers*. Routledge. (1950).

Heil, John. *Philosophy of Mind, a Guide and Anthology*. Oxford University Press. (2004).

MacCulloch, Diarmaid. *A History of Christianity*. Penguin. (2009).

Magee, Bryan. *The Great Philosophers*. BBC Books. (1987).

Miller, David. *Political Philosophy, a Very Short Introduction*. Oxford University Press. (2003).

Moran, Dermot. *Introduction to Phenomenology*. Routledge. (2000).

Nagel, Thomas. *What Does it All Mean? A Very Short Introduction to Philosophy*. Oxford University Press. (1987).

Osborne, Richard. *Philosophy for Beginners*. Writers and Readers Publishing. (1992).

Pears, David. *Wittgenstein*. Fontana. (1971).

Read, Stephen. *Thinking about Logic. An Introduction to the Philosophy of Logic*. Oxford University Press. (1995).

Robinson, Dave & Groves, Judy. *Introducing Philosophy*. Icon Books. (1999).

Russell, Bertrand. *History of Western Philosophy*. Routledge. (1946).

Sartre, Jean Paul. *No Exit and Three Other Plays*. Vintage International. (1989).

Solomon, Robert. C. *Introducing Philosophy, a Text with Integrated Readings*. Oxford University Press. (2005).

Sullivan, Roger. J. *An Introduction to Kant's Ethics*. Cambridge University Press. (1994).

Thompson, Mel. *Teach Yourself Philosophy*. Hodder & Stoughton. (2000).

Vardy, Peter & Grosch, Paul. *The Puzzle of Ethics*. Harper Collins. (1994).

Vardy, Peter. *The Puzzle of God*. Harper Collins. (1999).

Warburton, Nigel. *Philosophy: the Basics*. Routledge. (1992).

Welshon, Rex. *The Philosophy of Nietzsche*. Acumen Publishing. (2004).

Wolff, Jonathan. *An Introduction to Political Philosophy*. Oxford University Press. (1996).

FIN

THANKS FOR READING!

I hope you have enjoyed this book and that your language skills have improved as a result!

A lot of hard work went into creating this book, and if you would like to support me, the best way to do so would be to leave an honest review of the book on the store where you made your purchase.

Want to get in touch? I love hearing from readers. Reach out to me any time at *olly@storylearning.com*

To your success,

Olly Richards

MORE FROM OLLY

If you have enjoyed this book, you will love all the other free language learning content I publish each week on my blog and podcast: *StoryLearning*.

Blog: Study hacks and mind tools for independent language learners.

www.storylearning.com

Podcast: I answer your language learning questions twice a week on the podcast.

www.storylearning.com/itunes

YouTube: Videos, case studies, and language learning experiments.

www.youtube.com/ollyrichards

COURSES FROM OLLY RICHARDS

If you've enjoyed this book, you may be interested in Olly Richards' complete range of language courses, which employ his StoryLearning® method to help you reach fluency in your target language.

Critically acclaimed and popular among students, Olly's courses are available in multiple languages and for learners at different levels, from complete beginner to intermediate and advanced.

To find out more about these courses, follow the link below and select "Courses" from the menu bar:

www.storylearning.com/courses

"Olly's language-learning insights are right in line with the best of what we know from neuroscience and cognitive psychology about how to learn effectively. I love his work!"

Dr. Barbara Oakley,
Bestselling Author of "A Mind for Numbers"

www.ingramcontent.com/pod-product-compliance
Lightning Source LLC
Chambersburg PA
CBHW030035100526
44590CB00011B/213